「本当にほしい人材」が集まる

採用広報から、スカウト文章、面接術まで

中途採用の定石

マルゴト株式会社代表取締役
今 啓亮

日本実業出版社

はじめに

　私は2015年に採用代行の会社を創業し、中途採用をメインとした業務代行を350社以上に提供してきました。採用代行を実施する社員たちの勤務時間を合わせると、累計50万時間以上の採用業務をしてきたことになります。

　いまの時代、求人情報も溢れていて、労働人口は減り続ける一方です。経験者人材の売り手市場の中で、中小・ベンチャー企業は採用に関する考え方を改めて、転職潜在層にアプローチしなくては、成功できなくなってきています。
　そんな中でも中途採用がうまくいっている会社は、そうでない会社と、一体何が違うのでしょうか？

　それは**採用に対する戦略、職場づくり、採用広報、スカウト文章のやり方、ホームページの写真や文章、SNSでの情報発信、求人媒体の運用方法、面接の方法など、かなり幅広い領域の取り組みが異なるのです。**
　もはや求人広告を出していればいいという時代は終わりました。**「企業の人材獲得に向けた総合プロデュースが採用活動」**と言ってもいいくらいのレベルになっています。

　本書は、中途採用を「求人媒体にお金を払えば、いい人から応募くるんでしょ」と思っている方にこそ、読んでもらいたい1冊です。
　採用という概念をアップデートして、きちんと採用活動に取り組めば、どんな企業でも絶対に中途採用で人材を確保できる、という確信が、私にはあります。その「定石」となる手法を伝えたくて本書を書きました。

　私は、150名以上の社員たちとベンチャー向けの「まるごと人事」

という採用代行サービスを提供する中で、採用ターゲットの要件定義、募集媒体の決定、募集文のライティング、スカウト文章の作成、採用数値の分析、応募者管理、応募者対応の代行、合否連絡、日程調整など、面接以外の採用業務をすべて代行してきました。

　当社は採用媒体を運営しているわけでもなく、人材紹介エージェントでもありません。採用に関する業務全般を主体的に進めるスタンスでさまざまなクライアント企業とかかわり、企業と同じ目線で採用に取り組んできました。

　そして、何を隠そう私が経営するマルゴト株式会社も、採用活動に全力で取り組んできました。当社は裏方として動くアウトソーシング業なので、決して応募が集まりやすい業種ではありません。さらに表立ったメディア露出はなし、東京の一等地ではなく札幌が本社、豪華なオフィスなし、という状況でした。それでも直近の１年間では１万人以上の応募が集まってくるようになり、結果的にこの５年間で著者以外の社員がゼロの状態から150名まで、年々増加してきました（下図参照）。

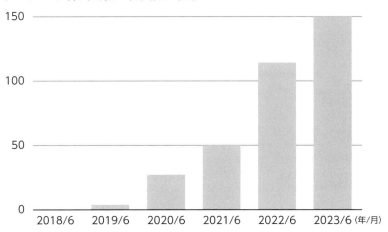

● マルゴト株式会社の社員数の推移

ちなみに当社の社員は全員が社会人経験を積んだ「中途入社」です。優秀な方々を採用できれば、会社の経営は非常にスムーズになります。自分自身が会社経営をする中で、もはや**「経営のコアは中途採用なのではないか」**とすら思っています。

▶ 中途採用がうまくいけば、会社全体がうまくまわっていく

　「うちは中途採用ではなく新卒採用しかやっていない」という会社もあるでしょう。ただし最近では、新卒で入社する学生に話を聞いても「1社目のファーストキャリアとして、ここでとりあえず数年間は、経験を積もうと考えています」などと、いずれは転職する気が満々だったりします。新卒社員が終身雇用を期待して定年までいてくれる、というのは、会社の一方的な期待にすぎないのです。

　むしろ、これからの人材不足が進む時代で、**「強い会社」とは、すでに社会人として働いている人たちから「御社で働きたいです」と選ばれ続けるような、中途採用で人を引きつける会社なのではないでしょうか?**

　中途採用については、多くの会社がもっと改善できる余地があり

● 中途採用の取り組み方は従来と較べて大幅に拡大

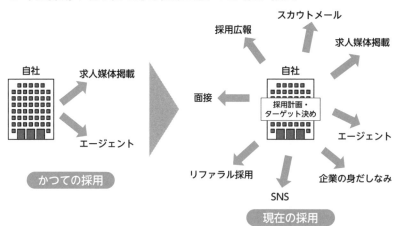

ます。本書でご紹介するメソッドにきちんと取り組めば、どんな会社でも適切な人が採用できるようになります。採用の取り組み方の定石が、以前と大きく変わったからです。

　自社の採用戦略を立てて、会社の魅力がきちんと伝わる見せ方を考え、必要があれば個別に候補者にアプローチをし、広報の視点からも施策を行い、応募者対応や面接対策もしっかりと実施することで、いい人材が採用できるのです。

　本書は、350社以上の採用をまるごと代行してきた中で、学んだことや気づいたことを、いまのベストを出し切る形ですべて書き切りました。明日から真似できることもたくさん詰め込んでいます。

　この本を通じて、目指しているミッション・ビジョンを叶える強い会社が少しでも増えることを願っています！

2023年8月

マルゴト株式会社代表取締役　今 啓亮

もくじ

はじめに

序章　採用に関して、
こんなことで悩んでいませんか？

悩み❶　「どうやって中途採用をすればいいかわからない……」　14

悩み❷　「採用に関して、最近はどの求人媒体がいいのですか？」　14

悩み❸　「他社の数字は大体どんな感じなのか知りたい」　15

悩み❹　「採用に関して、経営者には何かできるのだろうか……」　17

悩み❺　「経営者はどんな手段で採用の情報発信をすればいいですか？」　18

第1章　ほしい人材を集めるための
採用の戦略を立てよう
〜「求職者から選ばれる」企業になろう！〜

1-1　即戦力人材は超売り手市場！ 採用の意識改革をしよう ……… 20
　　　上から目線の採用では人は集まらない

1-2　採用体制と定例ミーティングを設定しよう ……………………… 22
　　　経営陣と一体となって採用活動に取り組もう

1-3　事業計画から中途採用の採用計画をつくろう ………………… 26
　　　KPIや組織図をもとに採用を考えていく

1-4　誰か1人でも働いているなら求人で魅力をアピールできる ……… 31
　　　自社の魅力は意外なところに眠っている

1-5　４つの観点で自社の魅力を言語化しよう ················· 33
同じ年収の仕事でもその魅力はさまざま

1-6　採用スケジュールと採用予算をどう考えるか ············ 36
予算がなければ、いい人材は採れない

1-7　現状の採用数値と歩留まりを知ろう ······················· 39
数値化すると採用のボトルネックがみえてくる

1-8　応募者管理表をつくろう ··································· 41
応募者のデータはきちんと残しておく

1-9　採用数値は"後ろ"からみていく ························· 44
結果から採用プロセスを振り返る

1-10　採用戦略に関する失敗事例 ······························ 46
会社全体で取り組まないとうまくいかない

COLUMN　採用代行はどんな企業の役に立っているか　49

第2章 「良い職場」づくりこそが 採用の根幹
～給与以外に社員に喜ばれる要素がどれだけあるか？～

2-1　会社は「職場」というサービスを提供している ················ 52
自社が社員に何を与えられるか考えよう

2-2　誰もやりたくない事業はない。視点を変えると魅力的になる ··· 56
募集する仕事はどんな属性の人がやりたいかを考える

2-3　採用競合が明確にいるなら、勝つポイントを決めて１点突破する ··· 60
待遇、やりがい、自由度、福利厚生……自社の強みはどこにある？

2-4　退職者は何が原因で辞めたかを分析しよう ························ 62
「家庭の事情」は本当の退職理由ではない

2-5　良い職場づくりのよくある失敗 ······························ 67
問題社員や部署対立……失敗の原因はどこにある？

COLUMN　カンボジアで社員を雇用してみて気づいた、
日本との働き方の違い　69

第3章 採用に有利になる 会社の印象コントロール術
～会社も「身だしなみ」が大事！～

3-1 **社長こそが採用の広告塔** ……………………………… 72
トップ自ら情報発信していい人材を集めよう

3-2 **社長の見た目を改善しよう** ……………………………… 75
社長の写真1つで会社のイメージが大きく変わる

3-3 **ホームページに載せる社員の写真を改善しよう** ……… 77
自社の雰囲気にあった写真を載せるようにしよう

3-4 **自社ホームページは候補者から必ずチェックされている** ‥‥‥ 81
ダサいホームページでは応募は来ない

3-5 **「自社はなんの会社か」が一言で伝わるようにする** ……… 83
自社の指針をきちんと言い表せられているか？

3-6 **社名や代表名でWeb検索をしてみよう** ……………… 88
自社がどう見られているかが客観的に理解できる

3-7 **会社のムードボードをつくって非言語的な印象を共有しよう** … 92
言葉で言えないイメージを伝えるために

3-8 **社名を採用ターゲットに響くように変えてしまう方法も** … 94
周囲からの印象が一変する「奥の手」

COLUMN 私がやった社長の身だしなみ改善のすべて　97

第4章 採用のターゲットづくりを 始めよう
～自社にとっての「いい人材」とは？～

4-1 **自社にとっての「いい人材」を明らかにしよう** ………102
「必須条件」と「歓迎条件」に分けて考える

4-2 **「採用したい人」の解像度を高める調査をしよう** ……………105
ターゲットの潜在的な転職ニーズを探ってみる

4-3 趣味と家庭まで考え、候補者の悩みを理解しよう ············· 108
ペルソナを立てて、仕事以外の価値観も探ってみよう

4-4 ターゲットとペルソナを使い分けよう ················· 110
ペルソナは複数あってもいい

4-5 業務の切り分けをするとグッと採用しやすくなる ············· 112
スーパーマンを求めると採用のハードルは高くなってしまう

4-6 「当社っぽい人」のイメージを言語化してみる ·················· 114
はっきりと説明するのは実はなかなか難しい

4-7 ターゲットづくりに関する失敗事例 ················· 116
こだわりすぎるとうまくいかないことも

第5章 自社の魅力をPRする 採用広報の極意

～求職者に向けて職場の情報を自ら発信せよ！～

5-1 一般的な広報と採用広報の違い ················· 120
採用広報とは「職場認知」を目的とした広報のこと

5-2 職場のイメージを変えるには採用広報しかない ················· 123
求人情報だけでは理解されない職場の姿を伝える

5-3 採用広報のステップ ················· 125
記事で自社がどんな職場なのかを伝えよう

5-4 選考フェーズでどんな情報を出すのかを考える ················· 131
各段階でチェックしてほしい情報を届ける

5-5 応募者が不安なこと、知りたいことをコンテンツにする ···134
面接で聞かれた質問はネタの宝庫

5-6 採用ピッチ資料制作のコツ ················· 137
採用向けのスライド資料を用意しよう

5-7 つくった記事は勝手に読まれない。届けるための行動が必要···143
SNSなどで積極的に拡散していこう

COLUMN　フルリモートワークで働く理由はさまざま　147

CONTENTS

第6章 それぞれの求人手法の特徴を知ろう

～人材紹介、SNS、リファラル等の手法を具体的に解説！～

6-1 ほしい人材は「転職潜在層」にいる ……………………… 150
手数を増やしてアプローチの確率を高めよう

6-2 中途採用で使われる求人手法一覧 …………………… 153
各求人媒体の特徴を知ろう

6-3 求人媒体で採用するコツ …………………………… 156
各媒体の勝ちパターンはそれぞれの担当者が知っている

6-4 エージェント経由の採用とはどういうもの？ ……… 158
各エージェントの特徴を知ろう

6-5 エージェント経由での採用のコツ ………………… 161
エージェントの担当者は採用パートナー

6-6 リファラル採用とはどういうもの？ ……………… 164
まずは経営者がトライしてみよう

6-7 多数の人に対面で会う採用イベント …………… 168
自社で主催して採用候補者を集めよう

6-8 SNSで直接採用する方法 ………………………… 170
それぞれの特徴を意識して使い分けをしよう

6-9 オンライン・オフライン広告による募集方法 ……… 173
一般的な広告媒体で人を集める際のポイント

6-10 求人媒体の選定に関する失敗事例 ………………… 177
1つの手法に偏るとうまくいかないことも

第7章 求職者に刺さる 求人媒体の募集文の書き方

～350社以上の中途採用支援から得られた事例を公開！～

7-1 必須条件、歓迎条件、NG条件を書き出す ……………… 180
募集文は条件がはっきりわかるようにしよう

7-2 募集文を読んでもらって反応をみてみる ································· 184
主観と客観をうまく重ねて募集文をつくろう

7-3 職種名を変えることで、採用がうまくいくことも ············· 189
職種名にはクリエイティブな要素が含まれている

7-4 ターゲットからみた「応募理由」をつくる ······················· 191
ターゲットは何を得たくて応募してくるのかを考える

7-5 募集文に関する失敗事例 ·· 193
ちぐはぐな印象の募集文になってないか?

第**8**章
ターゲット人材に届く
スカウト文章作成術
～個別アプローチで採用確率を上げる方法を徹底紹介！～

8-1 スカウト文章とはどういうもの? ································· 196
直接、候補者にメッセージを送ってアプローチしよう

8-2 スカウト文章では「特別感」を伝える ························· 199
テンプレートのメッセージでは候補者は振り向いてくれない

8-3 スカウト文章は網羅しようとせず「要点」を書く ········ 202
自社の強みと相手のメリットを簡潔に記そう

8-4 自社に驚かれる数字はあるか? ······························· 206
小さな会社ほど、成長率などの割合でアピールができる

8-5 スカウト文章の構成の具体例 ································· 208
入れるべき要素をきちんと入れて文章をつくろう

8-6 送信数と返信率のどちらも大事 ································· 210
数を増やしてから質を上げていくのがベストなやり方

8-7 スカウト文章の返信率が低いときの対処法 ················· 212
分析して改善策を練っていこう

8-8 スカウト文章に関する失敗事例 ································· 214
片手間でやっていては結果は出ない

CONTENTS

第9章 入社したいと思ってもらえる面接術
～面接官も見られる側にいる！～

9-1 採用活動で面接をする目的を整理しよう ………………… 216
面接の目的は「見極め」だけではない

9-2 面接は「会話型」で進めよう ………………………… 219
尋問のような面接にならないように

9-3 カジュアル面談の目的とやり方を知ろう ………………… 221
「ざっくばらん」に話すことで見えてくるもの

9-4 それぞれの段階での面接設計をきちんとしておく ………… 223
同じことばかりを聞いていても、お互いの理解は進まない

9-5 面接の場で採用後のミスマッチを防ぐには？ ……………… 226
マイナスポイントもさらけ出して自社に合うか見極める

9-6 オファーは「条件」と「感情」どちらも伝える ………… 229
契約書のひな形を事前に提示しておくのがベター

9-7 具体的なオファーの手順 ……………………………… 234
内定者にスムーズに意思決定をしてもらうために

9-8 家族や現職からの転職ブロックへの対処法 ……………… 236
内定者が納得するだけでは採用活動は終わらない

9-9 入社後の活躍を早めるオンボーディングを準備しておく … 238
内定者の入社に向けた地ならしをしておこう

巻末付録 ケース別 採用方針の立て方

創業したてのスタートアップが人材を採用するなら？ 242
資金調達したベンチャー企業が人材を採用するなら？ 244
ITエンジニアを採用するなら？ 246
地方都市の中小企業が人材を採用するなら？ 248

あとがき

カバーデザイン／沢田幸平（happeace）
本文DTP／一企画

序 章

採用に関して、
こんなことで
悩んでいませんか？

「どうやって中途採用をすればいいかわからない……」

知り合いの経営者と話していると「これから中途採用を始めようと思うのですが、どうやって採用すればいいですか？」と聞かれることがよくあります。

「どうやって採用すればいいか？」というのは、実は「場当たり的な採用になってしまっている」という話にもつながります。私から「そもそも採用計画はありますか？」と聞き返すことも多いです。

「何から採用を始めるか？」に対しては、まず事業計画からみて「どのポジションがいつまでに必要なのか」「そこにどのぐらいお金やリソースをかけられるのか」ということを考えます。

そこが決まれば、次に「大体数字でいうとこのぐらいの数の応募者が必要で、次にこのぐらいの数の一次面接が必要で、平均的な承諾率を考えると内定を何人に出したら何人から承諾されると想定される。なので、このポジションには応募を何人集めよう。その期限はいつまでに……」という考え方で計画を立てていきます。

そこまで至って初めて「じゃあこのような方法を使って採用活動をしましょう」と話が進みます。**まず大枠の計画を決めてから、手段を決めることが、結果的に無駄のない中途採用となります。**

☞ 採用の戦略の立て方については第1章を参照
☞ 採用のターゲットづくりについては第4章を参照

「採用に関して、最近はどの求人媒体がいいのですか？」

「何かいい求人媒体はないですか？」というのもよく聞かれる質問です。この質問に対しては「媒体選びの前にやることがたくさんありますよ」と答えています。

こういう質問をされる方はきっと「いままで大手の求人広告媒体

に掲載料200万円払ったら自然に200人ぐらい応募があって、選考で落としていって1人か2人を採用する」というような考え方をされてきたのだと思います。そこから「もっとコスパの良い媒体はないのか」と探されているのでしょう。

これまでの中途採用は、確かにこうしたやり方が一般的でした。例えば10年前でいうと、中途採用はある程度の掲載料を使って求人媒体に掲載すれば、自然と一定数の人から応募があり、そこからいい人だけを採用すればいい、というようなやり方でした。

一方で、売り手市場が進む現在では「求人広告に200万円払っても、いい人から応募が来ない」「シニア層からの応募は来るものの、ターゲット層からは来ない」というのが現実です。**「求人広告媒体に掲載すれば勝手にいい人が集まる」という時代はもう終わりました**。自社の魅力を言語化し、ターゲットを決めること。また、採用手段は求人広告媒体だけではなくスカウト型の転職サイト、エージェント、各種SNSなど多様化しているので、それらの採用方法に対応すること——こういったことが、特に重要になってきています。

同じ媒体を使っていても採用できている会社とできていない会社があります。求人媒体は、運用の仕方次第でその効果が大きく変わってくるのです。つまり、**採用がうまくいっていないのは、媒体選びを間違っていることが原因ではないのです**。

☞ 自社の魅力を上げる方法については第2・第3章を参照
☞ 求職者をひきつける募集文のつくり方については第7章を参照

> ### 悩み❸
> ### 「他社の数字は大体どんな感じなのか知りたい」

ここでの「数字」というのは、例えば「何名応募があって何名採用できたか」といった数値データのことです。採用に関する数値は各社の状況によって大きく違うので、応募数や面接での合格率などの平均値もデータとして存在しません。

● 各選考の通過率のイメージ

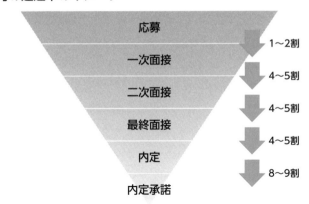

人気業界なのか不人気業界なのか、どのポジションを採用したいのか、どのレベルを求めるのか、どのくらいの採用予算をかけているか、などによって大きく異なります。会社によって数字はさまざまというのは間違いありませんが、あえて無理やりでも中小・ベンチャー企業における1つの目安として「**通過率**」の体感値を書いてみます。

大体、応募者の中から一次面接に進むのは1～2割、一次面接から二次面接に進むのは4～5割、2次面接から最終面接に進むのがまた4～5割、最終面接から内定に進むのも4～5割、そして内定承諾率は8～9割くらいを、最初は参考値として置いてみるといいかと思います。最後の内定を出した方も100%、内定承諾をして入社してくれるわけではない、ということも理解しておきましょう。上記はあくまで目安であり、この通過率で逆算した場合は、1名の入社に対して大体50～150名の応募が必要ということになります。この全体の数字の目安を理解していれば、大きく数字の理解がずれることはなくなります。

☞ ターゲットに届き通過率を上げるスカウト文章の書き方は第8章を参照

☞ 面接の具体的な進め方については第9章を参照

悩み❹
「採用に関して、経営者には何かできるのだろうか……」

　この悩みに関する１つ目の答えは、**「利益を出して、採用にお金をかけられるようにする」**ことです。これは直接採用に関係がないと思うかもしれませんが、最も大事なことかもしれません。

　まずシンプルに、お金を使ったほうがいい人を採用できます。提示する給与も高いほうが採用しやすいですし、事業がうまくいっている会社のほうが採用時に魅力を感じてもらいやすくなります。また、ある程度お金があれば、エージェントも積極的に動いてくれますし、さまざまな媒体を幅広く使えるので、採用のチャネルも広げられます。本業で利益を出すことが、会社の採用力に直結します。

　採用に関して経営者ができることの２つ目の答えは、**「リファラル採用」**です。リファラルとは、経営陣や社員が、知り合いや過去のつながりをたどって声をかけていく採用です。リファラル採用は経営者自身がやるのが一番効果的です。自分がこれまでに一緒に働いたことがある人や、学生時代や所属していたコミュニティでのつながりがある人、以前どこかでお会いしたことのある人などに「うちの会社でこんなポジションで募集しているのですが、興味ありませんか？」と声をかけてみましょう。

　３つ目の答えは**「情報発信」**です。経営者にしかできない情報発信というのはたくさんあります。例えば「どんな事業をやっているのか？」「どんなことを考えているのか？」「どんなことを感じているのか？」「どんな未来を描いているのか？」といった経営の根幹に関することです。また、自社のすごい部分や、自社でこんな人が活躍している、というような話なども応募者は知りたがっています。

　こういう情報は、経営者だからこその一言がパワフルな発信になることもあります。私も「採用のみならず社外に向けた情報発信は経営者自身が頑張ってください」と伝えています。

☞ リファラルなどの採用手法については第６章を参照

17

「経営者はどんな手段で採用の情報発信をすればいいですか？」

　一番簡単なのはブログです。自社のホームページ内のブログ機能やnote（note.com）という無料のブログサイトなどを使って書いてみましょう。「こういうのをやろうと思っていて」「こんな人を採用したくて」「こんな会社にしていきます」「こんな会社になってきました」など、ブログでオープンに読んでもらえる記事を書くのがお勧めです。私も「コンさん＠まるごと人事の代表：350社の採用を手伝った人」というnoteを書いています。いままで100記事以上、投稿してきました。

　ブログで書く内容としては、シンプルに「伝えたいことを書く」のが大事だと思います。ただし、一般的なブログネタで書こうとすると、社長でなくても書ける内容の記事になってしまいます。

　イメージとしては、知り合いの経営者から食事の場などで「最近どんなことに取り組んでいるんですか？」「最近は何がうまくいっていますか？」「これからどんな展開にする予定なんですか？」などと聞かれたとして、なんと答えるかな、くらいの発想で書いてみるといいでしょう。**自分の中でいま一番、周囲によく話していてテンションが上がることや、熱量高く話せているようなことを、そのまま記事にしてみましょう。**もしくは、社員から質問を用意してもらい、それに回答する形で話す様子を録音しておき、音声書き起こしサービスを使って文字にする方法もあります。

　記事ができたら自分がやっているSNSなどでシェアしましょう。それだけで採用につながる接点が増えたことになります。直接の採用ターゲットからだけではなく、知り合いなどからも「この会社はこんなことをしていて、こんな人を採用したいのか」と理解してもらえるようになり、間接的に、職場の認知度が上がっていきます。

☞ 情報発信などの採用広報の手法については第5章を参照

第 **1** 章

ほしい人材を集めるための 採用の戦略を立てよう

〜「求職者から選ばれる」企業になろう！〜

即戦力人材は超売り手市場！
採用の意識改革をしよう

上から目線の採用では人は集まらない

企業が選ばれる立場にある

　数年前とは全く違い、現在は採用活動において、応募者側が入りたい会社を選べる状況が一般的になりつつあります。特に即戦力人材といわれるような人は、どの求人も選び放題という超売り手市場だといえるでしょう。有名な人気企業であればまだしも、中小企業やベンチャー・スタートアップ企業であれば、**すでに他社で活躍している人材を中途で採用するには「人材から選ばれる会社になる」必要があります。**

　現在では、中途入社した社員から「御社に拾っていただきました」というセリフは、もうほとんど聞かなくなりました。優秀な人や活躍している人ほど、働く場には困りません。**企業は選ぶ立場ではなく、選ばれる立場にあるということを意識して、上から目線にならないよう、応募者の方1人ひとりと丁寧にかかわっていきましょう。**

　いい人を採用できている会社では、応募者に自社を選んでもらえるように、適切なPR戦略を立てて実行し、面接時にはお互いに理解しようと対話を試みながら、採用活動を行っています。

採用は人事だけの仕事ではない

　採用は会社の総力戦です。社長がどう発信するか、職場の雰囲気をどうつくっていくか、会社の利益率をどう上げていくか、広報はどのような発信をするか、面接官がどうやって魅力的を伝えるかなど、すべてが採用の成否に影響します。

　採用を人事担当者のみに投げて、経営者や各事業部が協力して取り組もうとしない会社はうまくいきません。経営者を含む社員全員でいい人を採用していく心構えが必要です。

　むしろ経営者にこそ、中途採用のことを理解してほしいと思います。採用がうまくいくから事業を大きく伸ばせるわけで、採用が失敗したときに事業が伸びなかったとしたら人事だけのせいではなく、会社全体での採用への取り組み方が間違っていたことになるからです。

中途採用と新卒採用の違い

　中途採用の場合は通年で募集をすることが一般的です。新卒採用とはスケジュールや動き方が違うことを理解しておきましょう。

● 中途採用の採用計画を立てる

	新卒採用	中途採用
採用活動スケジュール	入社前々年の12月～入社前年の5月	通年
入社スケジュール	卒業年度の4月	内定後すぐ～2カ月後
選考フロー	エントリーシート、会社説明会、集団面接、一次～最終面接など	書類選考、一次～最終面接

ワーク

ワーク1 企業は応募者から「選ばれる立場」だと社内で共有しましょう

ワーク2 通年採用の心構えで中途採用に取り組みましょう

1-2

採用体制と定例ミーティングを設定しよう

経営陣と一体となって採用活動に取り組もう

 本気の採用体制をつくろう

採用業務を進めていくにあたり、きちんと取り組もうと思うと、幅広い業務が発生します。採用競争が激化していく環境下で、例えば管理部門の人に「時間が空いたら採用もやっておいて」と依頼したところで、うまくいくはずがありません。

また中途採用を本格的に始めるタイミングであれば、**経営陣にこそ、採用体制のトップとして積極的に取り組んでもらうことがベストです。**自社の事業を伸ばすために組織を大きくすることが必要である場合は、採用の成功こそが事業拡大のキーとなります。そこを新人任せ、管理部門任せ、手が空いたときのサブ業務にしていると、事業計画の未達リスクになってしまいます。

 専任の採用担当者を設けるべきか

採用活動は実務の部分が、かなりのボリュームを占めます。**年間5名以上、社員を採用する際には、できれば専任の採用担当をつけるのがいいでしょう。年間10名以上採用する場合は、確実に1人は採用業務の専任がいたほうがいいです。**

専任の人を置くのが難しい場合には、「**兼任での担当者＋採用代行会社**」という組み合わせでもいいです。その場合の業務の切り分け方としては、面接以外の採用業務は採用代行会社に依頼して、採用したいポジションの決定と面接は自社で実施する、という役割分担で行います。いずれにせよ、まずは採用業務にしっかり取り組め

る体制が整わないと何も進められません。

各部門の現場社員が採用業務をする場合は業務分担を考える

　会社によってはエンジニア部門がエンジニアを採用するなど、各部署が主体となって人材を採用することもあります。その場合、人事担当者はサポート側に回り、現場メンバーが採用に動きやすいように、業務の切り分けをして進めることになります。例えばエンジニアの社員がスカウト媒体でスカウト文章を送るまで担当し、人事は応募者対応や面接日の調整を行う、などの切り分けがあります。

　現場が実際の業務をやる時間を取れずに、採用業務ばかりに時間を取られてしまう状態は良くないので、採用業務を分解して、別部署や採用代行会社と分担して進めましょう。

経営陣、事業部長、人事担当者で定例ミーティングを開催する

　採用活動はさまざまな要因に変動を受けるので、経営状況や事業状況とすり合わせながら進めていくことになります。なので、**場当たり的な採用活動を避けるためには、採用についての定例ミーティングをセットしておく必要があります**。定例ミーティングでは、採用目標の確認、候補者の進捗状況、数値の振り返り、数値改善施策、募集条件の変更確認などが、主な議題となります。

　人事担当者としては、採用に関して経営陣と現場の意識を共有し、予算が柔軟に使えるようにすることや、応援してもらえる社内体制を整えておきましょう。具体的には、**採用活動においては、経営者・取締役などの経営陣、採用予定の事業部を管理する事業部長や責任者、採用プロジェクトをリードする人事担当者の3者で協力して行っていくことがベストです**。この3者が参加して、採用全体の戦略や計画予算を立ててください。このような場で採用に関しての合意が取れていることが重要なのです。

　特に、「他社の事例はどうなのか」「自社の採用は一般的なのか」というのは、経営者や事業部長が気になることだと思います。この

ような点に関しては、採用専門コンサルタントや採用代行会社を使って手伝ってもらうケースもあります。外部の専門家にも入ってもらうと、自社内での失敗や遠回りを防ぐこともできます。

「採用代行会社」とはどういう存在？

　ここで、採用代行会社の概要について説明しておきましょう。「採用代行」とは、採用業務を自社の代わりに行うアウトソーシングサービスです。実は採用業務を書き出していくと、採用戦略の立案、採用方針の設計、求人票の作成、求人媒体の決定、エージェントへの依頼、スカウト文章の送信、面接、応募者対応と管理、合否連絡、採用施策の改善など、多岐にわたります。

　採用代行会社がどこまで採用業務を請け負うかはそれぞれです。面接だけ代行する会社、スカウト文章送信だけ代行する会社、採用戦略だけ作成する会社、などがあります。なお、著者が代表を務めるマルゴト株式会社では「まるごと人事」というサービスの名前の通り、合否を決定する面接以外はすべて代行しています。

● **人材業界の各種サービスの立ち位置と役割**

スタッフ募集

▼ 求人広告媒体
掲載時・利用時に
媒体の掲載費用を払う

▼ 人材紹介・
　エージェント
採用が決まった際に、
成果報酬を払う

▼ 採用代行会社
業務委託として、
月々の稼働に対して
費用を払う

▼ 人材派遣会社
紹介した人材が稼働して
いる期間に費用を払う

やはり「この人を採用するか、しないか」を決める面接は、採用企業自体が行うことが望ましいです。

　一方で、効率の良い求人媒体の決定や、人材紹介エージェントへの依頼の仕方、スカウト文章の作成と送信、応募者対応などは、採用企業自体よりも、他社や他業界も経験している採用ノウハウが豊富な採用代行会社のほうが詳しいことが多いです。

　採用代行会社は、人材業界の中でも「企業内の人事担当」の役割に近いです。 いままでは「人材業界」といえば、1人採用が決まった際に成果報酬で年収の35％程度を支払う人材紹介エージェントや、必要な人材を必要な期間だけ派遣してくれる人材派遣会社、求人情報を広告として掲載できる求人媒体会社のことを指していました。ただ人材紹介会社だけでも日本に2.5万社ほどあり、求人媒体も300種類以上もある中で、そもそもどの人材紹介会社や求人媒体を使って採用すればいいのかを知りたいというニーズも出てきました。

　そこで企業内の人事担当のような位置づけで、採用業務を代行する採用代行サービスが出てきたという背景があります。複数社の採用業務をしていることから、現場での実践的な採用ノウハウが集まっています。さらにインターネットの普及によって、以前は応募時に履歴書を郵送してもらっていた企業も、いまではWebサイトからの応募や、転職サイトからの応募がほとんどになってきました。そのためオンライン上で採用業務を実施できることから、マルゴト株式会社ではすべてオンラインでの対応としており、社員も全員フルリモートワークの形で勤務しています。

ワーク

ワーク1 採用業務を行う専任担当か兼任担当を決めましょう

ワーク2 経営陣、事業部長、人事担当者の定例ミーティングを設定しましょう

第1章

ほしい人材を集めるための採用の戦略を立てよう

1-3

事業計画から中途採用の
採用計画をつくろう

KPIや組織図をもとに採用を考えていく

事業計画から採用人数を考える

　そもそも中途採用は、事業の成長と紐づいて発生するものです。

　企業が年度の最初に立てる事業計画では、年間の売上や利益、コストが計算されます。そこからKPI（重要業績評価指標）がそれぞれ出てきます。ある事業部ではKPIの数字をこのぐらい上げたら売上目標が達成できそうだとか、別の事業部ではコストをこのぐらい下げたら予算内に収まる、といったことがわかります。

　例えば営業職であれば、成果は「受注数×単価＝売上」のような形で出せます。この場合、KPIについては、受注数の手前の商談数になることが多いです。

　「10回商談すれば1つの案件を受注できる」などの目安数値がわかれば、「1受注に関して必要なKPIは10商談」と数字が出てきます。さらにその商談数の手前に、何回テレアポをしたか、何社にメールを送ったかなどの数値があります。

　ただし、1人の営業担当者が1日に起こせるアクションは限られています。すると、必要な全体の商談数を達成するには、何人の営業担当者が必要なのか、おのずと見えてきます。これで、営業として何人の人を採用すればいいのかがわかります。

マネージャーもKPIに基づいて必要な数を考えていく

　さらに、「1人のマネージャーが何人マネジメントできるのか」から部署ごとに必要なマネージャー数と組織図がみえてきます。

● 営業部門の採用計画を、事業KPIをもとに作成するステップ事例

❶：営業の歩留まりを計算する

1件の受注のために何件の商談が必要か？（仮に10商談で1受注と置く）
1件の商談獲得のために何件のテレアポが必要か？（仮に50テレアポで1商談と置く）

500件テレアポ→10商談→1受注
という予想数値がみえてくる。

▼

❷：月間で会社全体で必要な受注数から逆算する

会社の売上目標から考えて、20受注が必要な場合、商談数、テレアポ数など、すべての数字を20倍にする。

10,000件テレアポ→200商談→20受注
という目標値がみえてくる。

▼

❸1人の社員が実行できる行動量を想定する

1人の営業担当が1日50件のテレアポをできるとすると、20営業日で月1,000件のテレアポが可能。
1人あたり月1,000件のテレアポをするとして、合計10,000件のテレアポをするには、10人必要。

▼

❹部門全体の人員計画をつくる

1人のマネージャーが5人の営業担当をマネジメントできるとすると、10人の営業担当に対して2人の営業マネージャーが必要。

つまり**何人マネージャーがいて何人メンバーがいれば、この事業計画が達成できて、売上と利益を達成できるのか、という形で把握できてくるのです。**

　営業に限らず、部署ごとに目標として設定している数値があると思います。ここから考えていけば、それぞれの部署で必要な人員の数を割り出すことができ、採用計画も立てることができるようになります。

 ## 事業計画から１年後の組織図をつくる

　自社のいま現在の組織図をつくっている会社はたくさんあるでしょう。ただ、採用計画を立てる際は、１年後に、何人がどの部署にいるのかという、**「１年後の組織図」**も作成してみることを強くお勧めします。もちろんこれは１年後の事業計画を達成するために、必要な組織体制から考えていきます。事業計画も１年後の組織図も、状況によって変化するものですので、一度決めてから変えるのもOKです。最初から何も計画を立てないより、会社全体として決めた計画が常にあることで、採用に関しては長期目線での動きやすさがグッと上がります。

　１年後の組織図は、個々の社員の名前は入れずに、職種やポジションの枠だけがある組織図です。**いまの組織図と１年後の組織図を見比べた際に、いまのメンバーだけでは足りないポジションがみえてきます。それが採用すべきポジションになります。**

　組織図をつくる際には次のように考えましょう。

　１人のマネージャーの下に、部下は５人程度が目安になります。ただし、新人のマネージャーであれば部下２〜３人、ベテランの人であれば部下７人などと、柔軟に計画してください。

 ## １年後の組織図から採用予算決めをする

　採用すべきポジションがみえてきたら、人件費と採用予算という、人に関する予算を決めていきます。人に関する予算を決める際には、

● 現状と1年後の組織図を見比べてみる

現状 社員10人・3部署・マネージャー2人

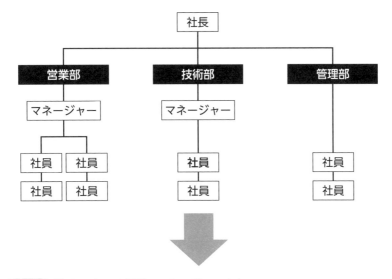

1年後 社員20人・3部署・マネージャー4人

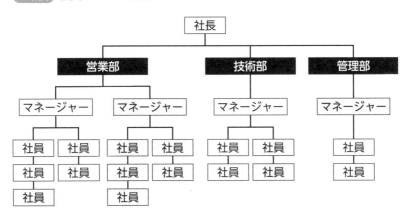

社員数10人から20名に1年後で拡大する場合の組織図事例。色塗りの枠が1年間で採用する必要があるポジション。

それぞれの職位の人について、年収がいくらで、売上予算がいくらで、またはかけられるコストがいくらか、と計算していきます。そうすると、どのような年収で社員を募集すればいいのかがみえてきます。

　年収の部分は、他社の同じようなポジションの年収レンジや、自社の中での比較をもとに検討します。もしくは人材紹介会社などに、「こういうポジションの人の年収はいくらくらいなのか」と、募集する例の年収のレンジについて、相談をしてみてもいいかと思います。

　さらに採用の予算に関しては、**人事担当者や採用チームが、「年間でどのくらいの採用に関する費用を使っていいか」を決めることが重要**です。採用費用の予算を決める際には、人材紹介費用や求人広告媒体の掲載価格を調べて、各ポジションにどのくらいの費用を使えば採用できそうかを計算して、合計金額を出します。

　採用費用をできるだけ正確に決めたい場合は、似たポジションの採用経験がある他社の人事の方や採用代行会社に相談するのも、いい方法です。

ワーク

ワーク1 事業計画をもとに、必要な社員数を割り出してみましょう

ワーク2 1年後の組織図をもとに、必要な社員数を割り出してみましょう

誰か１人でも働いているなら求人で魅力をアピールできる

自社の魅力は意外なところに眠っている

すでに社員が働いているなら、その会社に魅力や強みはある

すでにどこかの会社で働いている人から、自社を転職先として選んでもらうには、何かしらの魅力が必要です。「うちの会社に魅力や強みなんてないですよ」などと謙遜している会社も少なからずあるのですが、**社員が少なくとも１人以上働いているということは、その会社になんらかの魅力がある**ということです。

「ノルマがなくてラク」「社長がいい人」「自由に任せてくれる」「研修がたくさんあって勉強するにはすごくいい」といった魅力が、傍からみるとあるかもしれないのです。

成長率の高くない中小企業でもホワイト企業ということが魅力になっていたり、すごく忙しいベンチャー企業でも若いうちから出世できる可能性があることが魅力になっていたりします。社員が１人でもいる限り、「自社には職場として魅力がある」とまずは自信を持ってください。そのうえでどんな魅力があるのか、人に伝わるように言語化していきましょう。

「魅力」は意外な視点からみつかる

以前も「当社は普通の会社で、正直にいえばいいところがないと思いますよ。ほかのベンチャー企業のほうが熱量高い人が多いです」というクライアント企業がいました。でも、その企業について話を聞いていくと、残業はほとんどなく、みんな定時を過ぎたらさっと帰る職場でした。しかもきちんと黒字経営ができている状態です。

忙しい会社で頑張ってきた人がスキルを生かしてワークライフバランスを大事にして働けるという、いわゆるホワイト企業でした。

その会社はITの受託開発企業（SIer）で、割と残業などが多い業界のなかで、すごくホワイトな働き方をしていました。大手企業の子会社という背景もあって、なかなか目立ちにくかったのですが、ノルマもそんなに厳しくないこともあって、安定して働きたい求職者からみると隠れた優良企業です。

このように「子会社だから」「地方の企業だから」「不人気業界だから」「１つの商品しかないから」などと卑下せずに、自社の魅力をさまざまな視点から見出し、それらを積極的にアピールしていくことが大切です。**自分たちが考える弱みや悪状況は、強みや魅力にもなり得る**のです。

「社長はこんな人」「会社はこんな雰囲気」も魅力になる

職場としての魅力が思いつかない場合は、**「人の魅力」を社内からの目線で書いてみる方法**もあります。社員数が少ない企業ほど使える方法なのですが、「人」の良い部分を見つけることで、それを職場の魅力として打ち出すやり方です。

例えば、「社長の経歴が面白い」「こんな職歴の人が集まっている」「趣味でこんなことに取り組んでいる人がいる」などといった視点で打ち出してみます。誰と働くかも応募者にとっては重要な要素ですので、きちんと伝えることで魅力になります。

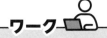

ワーク

ワーク1 自社の魅力を、きちんと認識しましょう
ワーク2 それでも魅力がないと思う場合は、「人」の魅力にスポットを当ててみましょう

4つの観点で自社の魅力を言語化しよう

同じ年収の仕事でもその魅力はさまざま

応募者が自社に魅力に感じる点はどこ？

　会社に魅力を感じてもらうことが、採用活動を成功させる肝となります。たくさんの求人情報が溢れるなかで、「お、この会社は良さそう」と目を止めてもらう必要があります。応募時にも**単純な「月給30万円の仕事」**と、「**困っている人の役に立つ事業で、実績の多い上司の下で働けて、時間的に自由な働き方もできる、月給30万円の仕事」とでは大きな違いがあるのです。**どのような点で応募者が自社を魅力的だと感じるのか、考えてみましょう。

　自社の魅力については、主に次の4つの観点から考察します。

①会社と事業の魅力

　いままで会社が培ってきた歴史や実績、沿革などが魅力になります。また創業時のストーリーなど、その会社ならではのエピソードも魅力になり得ます。オフィスのきれいさや立地なども、働く人にとってはイメージがつきやすいものです。

　事業の魅力に関しては、その事業でどのぐらいの顧客数や売上や利益を得ているか、どのぐらいのスピードで成長しているか、などを数値化するとわかりやすくなります。目的に関する部分では、「ミッション（存在意義）」「ビジョン（中長期で目指す姿）」「バリュー（大事にしている価値観）」などもアピールポイントになります。

　将来的に、「自社の事業はこれからどのぐらいのポテンシャルを秘めている事業なのか」「社会の変化に対してどのように必要とさ

れてくるものなのか」といった点にもアピールポイントです。

　自社の目標やポジショニングや戦略に対して、興味を持ってくれる求職者もたくさんいます。その事業自体が、どんなお客さんに、どんな形で喜ばれているかという意義や、やりがいを感じる瞬間についても、企業の魅力になります。

②組織と人の魅力

　会社の組織や人自身の魅力も、大きなアピールポイントです。

　組織の魅力に関しては、カルチャーや雰囲気、行われているイベントや制度などがわかりやすいと思います。

　「どのような雰囲気のチームなのか」「どんなことを大事にしているのか」「どんな行動指針を持っているのか」などが伝わると、組織のイメージを持ってもらいやすくなります。野球チームでいえば、日本1位を目指しているプロ野球チームと、地域での交流を目的としている草野球チーム、はたまた健康促進のためのシニア世代の野球チームでは、組織の雰囲気やカルチャーが違いますよね。自社に関しても、どのような立ち位置なのかを、しっかりとアピールできるようにしておきましょう。

　また、人の魅力に関しては、例えば社長がどんな人でどんなことを考えているのか、経歴はどんな人かという点。また、ほかの取締役はどんな人なのか、それぞれのマネージャーや部長職にはどんな人たちがいるのか、といった点です。

　特に、新人として入る場合に、どんな人がリーダーや上長として働いているのかは、応募者もかなり気にしています。結局は人と人が働くのが職場になるので、どんな人がいるのかをしっかり伝えていくことが大切です。

　さらに「なぜこういう経歴の人が、過去の採用で自社に入ったのか」という、現社員の入社動機やストーリーを伝えるのも、1つの魅力づけになります。

③業務内容と待遇の魅力

　業務内容に関しては、端的に言えば「いい仕事だな」と応募者に伝わることが大事です。さらに「その仕事を自分がするイメージが湧くかどうか」「具体的にどんなスケジュールで仕事を進めているのか」「どんな人たちとどうかかわりながら仕事をしているのか」といった内容も魅力になり得ます。「仕事を進めるプロセス自体が面白そうだ」「こういうことが達成できたら確かに嬉しいな」と思えるように、ぜひ御社の業務内容の魅力を伝えてください。

　待遇は給料や評価制度、手当などがあります。「給与がいくらか」は、募集の段階でも面接の段階でも丁寧に説明しましょう。また賞与や手当、上場を目指す会社にとってはストックオプションがあるかどうかなども、待遇の基準の1つになります。

④働き方と制度の魅力

　働き方に関しては、どんな時間でどんな場所で、どのように働くかです。例えば「週に何回リモートワークがあるか」「営業はどのぐらいの頻度でお客さんのもとに行くか」「全国への出張がどのぐらいあるか」「フレックス勤務ができるか」などといった働き方に対しても、魅力を感じてもらえる点が多くあります。

　制度に関しては、例えば教育・研修制度などキャリアアップに向けた制度がある、育児中の方にはこんな制度がある、5年間働いたら何日休みが特別に与えられるなどもアピールポイントになります。

ワーク

> ワーク1　4項目の魅力をそれぞれ3個ずつ書き出してみましょう
>
> ワーク2　書き出した魅力を、経営陣や人事担当者で共有しましょう

採用スケジュールと採用予算を どう考えるか

予算がなければ、いい人材は採れない

採用したいポジションと採用期日を決める

採用のスケジュールを決める際は、まずは、いつまでに採用すべきかの採用期日を決めていきましょう。求人広告は依頼から掲載までに2〜3週間はかかるので、早めに動き始めることがお勧めです。**初めて求人を出す場合は「採用しよう」となってから入社までは大体4カ月くらいかかると思ってください**（下図参照）。もちろん採用に慣れている人が行えば媒体選定も募集文章も早く進むので、その分、期間を短縮できます。

早く進める際の1つの目安としては、媒体への依頼から掲載までに3週間、掲載から応募までに1週間、書類選考と面接2回で2週間、内定後面談や候補者の意思決定に2週間とみて、合計で2カ月間くらいで進めるケースがあります。

● 求人を出す際の検討から採用決定までのスケジュール目安
（転職サイトへの求人広告掲載で1人採用する場合）

検討から掲載まで： 計1.5カ月ほど	応募獲得から内定承諾まで： 計2.5カ月ほど
求人媒体リサーチ：2週間	応募来る・1次面接：2週間
プラン決定・発注：1週間	二次面接・最終面接：1週間
募集文章完成：2週間	内定後の意思決定待ち：1週間
掲載：1週間	内定承諾から入社まで：1カ月半

なお、マネージャー職はメンバークラスの採用に比べて1.5〜2倍ほど長くかかります。エンジニアなどの専門職も採用難易度が高いので、採用までの期間が長くかかる傾向があります。

🧑 無料での採用にこだわるのは避けるべき

スケジュールを決めたら、1人あたりの採用単価を設定しましょう。知り合い経由やハローワークなど、無料の手段で採用できていた企業は、その後も採用単価をゼロ円にしがちですが、**無料の手段は応募数が少ない中から採用を決めなければいけないので、この手法だけで採用を続けるのは避けたほうが無難です。**

もちろん「知り合いを採用する」「ハローワークで採用する」「自社ホームページから直接応募をかける」などで採用が決まれば、実質的にタダで採用ができることになります。ただ、このような手法は運に大きく左右されることになり、「いい人がなかなか来ない」といった"待ち"の採用になってしまいます。

優秀な社員が増えてくるとその社員からの紹介で入社するケースも出てきますが、はじめの段階からそれに期待するのはよくありません。

規模が小さいからといって採用に一切お金をかけないのではなく、採用費をかけてでもいい人を採ろうとするほうが、強い組織をつくる採用戦略としては結果的にうまくいくケースがほとんどです。

🧑 人材確保にお金を使うのは未来への投資

人材を1人採用して営業担当として活躍してくれたら、仮に3年間でいくらの売上と利益を生んでくれるのでしょうか?

スキルのあるエンジニアを1人採用したとしたら、どのくらい開発が順調に進むでしょうか?

考えるべきは、採用費や人件費としてお金をかけることで、「どのくらいの経営的なインパクトがあるか」です。

「企業は人なり」といいますが、社員全員が辞めてしまったら、

企業には何も残りません。逆にいい人がたくさんいれば、自然といい会社になります。

採用予算の最大値を設定し、それ以下で抑える計画を立てる

採用費は会社によってバラバラです。採用予算を最初に立てる際の目安としては、人材紹介会社への紹介料を上限として設定するのがいいかと思います。

人材紹介会社への紹介料は、採用した人の年収の35％程度が一般的です。最近では難易度の高い職種だと年収の40％〜を取引開始条件にするエージェントも増えてきました。そのため、例えば通常の職種は35％、管理職、エンジニア、専門職種は40％などといったように、1人の採用にかかる上限値を設定することができます。そのうえで、それ以下の採用単価で求人媒体を駆使して採用していくことを目指します。

● スケジュールと予算の例

NO.	ポジション名	採用期日	優先度	ステータス	年収目安	採用予算（最大）	備考
1	営業マネージャー	2023/11/30	高	1.募集中	¥8,000,000	¥2,800,000	
2	カスタマーサクセスマネージャー	2023/12/31	高	1.募集中	¥7,500,000	¥2,625,000	
3	広報メンバー	2024/05/30	中	1.募集中	¥5,000,000	¥1,750,000	
4			低			¥0	
5						¥0	
6						¥0	
7						¥0	
8						¥0	
9						¥0	
10						¥0	
						¥7,175,000	

ワーク

ワーク1 採用したいポジションを書き出し、採用期日を決めましょう

ワーク2 採用予算の最大値を設定し、採用単価の目安を決めましょう

現状の採用数値と歩留まりを知ろう

いまの応募数は職種ごとに月間で何人いるか

いままで採用を行ってきたのであれば、職種ごとの応募数の実態を把握しておきましょう。応募数自体は「100人だから多い」「5人だから少ない」などと、一概には多いか少ないかを判断しにくいです。

5人の応募で多いといっている企業もあれば、100人でも少ないといっている企業もあるからです。では、どのようにして判断するかというと、**自社の目標値に対して、応募者の数が十分かどうかで**す。つまり「応募者数／目標値」のパーセントの形で把握しておきましょう。例えば応募数の目標値が100人で、実際の応募者が20人なら、目標に対して80人足りない（達成度20％）なので応募数が少ない、と判断できます。

各段階の「歩留まり」を計算してみよう

採用活動は、応募から採用までの間に、書類選考と面接（一次、二次、最終）を経たうえで、内定を出します。採用活動においては、それぞれの段階での進捗率を「**歩留まり**」と呼びます。

各段階の歩留まりが他社は平均でどのくらいの割合なのかという数値は、実際にはあまり参考になりません。ただし自社で過去にどのくらいの数字だったのかは、把握をしておいてください。

そして歩留まり数値から、各段階の目標を立ててみてください。そうすることで、大体何人の応募が必要か、何人の面接が必要か、その面接をこなすには何人の面接官の時間を確保しなければいけな

いのか、などが見えてきます。数字として把握しておくことで、成功する採用をブレずに継続して行うことが可能になります。

大きなネックがあればそこを解消していく施策を考える

各段階の歩留まりをみたときに、大きく数字の低い段階があれば、ここを解消していきましょう。例えば「5人に内定を出したのに1人しか承諾をしてもらえない」などの事実が見えれば、内定承諾がもらえない原因を探して、改善する方法を考えましょう。

応募の段階までは、求人広告にお金をかければ集めることができる変動的な数字になります。ただ、書類選考→面接（一次、二次、最終）→内定の各段階については、社内の人が判断し進めていきます。どの数字が低いかは、比較をして初めて見えてきます。

例えば、「この面接官の判断は厳しすぎる」などといったことも見えてきます。ボトルネックとなっている箇所を1つひとつ地道に解消することで、歩留まりは確実に良くなっていきます。

● 採用フローの例

200名応募→60名一次面接実施→30名二次面接実施→4名最終面接実施→2名内定→2名入社

応募	書類選考	一次面接	二次面接	最終面接	内定	入社
	30%	50%	13%	50%	100%	

二次面接が厳しすぎる／良い面接をできていない可能性あり

※仮に二次面接が13%→30%に通過率が上がった場合
200名応募→60名一次面接実施→30名二次面接実施→9名最終面接実施→4名内定→4名入社

ワーク

ワーク1 書類選考→応募→一次面接→最終面接→内定→内定承諾の進捗率を計算してみましょう

ワーク2 大きなネックがあれば原因を探り、解決する施策を考えてみましょう

応募者管理表をつくろう

👤 応募者に関する情報はモレなく残しておく

　応募者に対しては、モレなく重複なく、時間を置きすぎずに対応することが必要です。そのため「**応募者管理表**」というものをつくることをお勧めしています。これは氏名、ポジション、応募経路、ステータス、面接の進捗情報などが一覧で書いてあるものです。応募者管理表をつくることで応募者についてのメモを残したり、複数の担当者で対応状況をチェックしたり、数字の傾向分析ができるようになります。

　例えば、次ページの下のようなスプレッドシートでつくった管理表です。1つの求人媒体の場合は、媒体内の管理画面で十分です。ただ複数媒体を使う場合には、応募者対応をモレなく進めるために、ステータスを管理する管理表が必要です（なお、本書の巻末のQRコードから、基本的な応募者管理表のサンプルをダウンロードできるようにしておきました）。

　項目については、次のようなものを入れるのが一般的です。

●**候補者に関する情報**
　氏名
　応募日
　応募職種
　応募経路
　履歴書・職務経歴書へのリンク・URL

●**選考フェーズ（一次面接、二次面接など）**

　ステータス（日程調整待ち・選考待ち・選考結果記入待ち、など）

　ネクストアクション

　次回対応日

●**評価結果**

　合否

　面談・面接メモへのリンク・URL

月間応募数が100名を超えたら採用管理システムを導入しよう

　なお、応募数が月に100名を超えるようになってきたら、エクセルやスプレッドシートの応募者管理表だけでの管理は難しくなるので、**採用管理システム（ATS）**を入れることをお勧めします。ATSはApplicant Tracking Systemの略称で、応募経路や選考プロセスなどの情報をシステムで管理し、採用業務を効率化するためのシステムです。

　ATSを導入すれば、採用のそれぞれの段階も自動的に数字化され、手間も減りますし、面接官などの方々も評価等を楽に入力することができます。また、採用媒体との連携もスムーズに行うことができます。

● 応募者管理表の例

No.	応募日	氏名	応募ポジション	応募経路	ステイタス	ネクストアクシ	一次面接	
							日時	合否
1	2023/05/20	山田太郎	営業マネージャ	スカウト	進捗中	最終面接待ち	2023/05/25	合格
2	2023/05/22	佐藤花子	営業マネージャ	エージェント	進捗中	最終面接待ち	2023/05/25	合格
3	2023/05/25	鈴木次郎	カスタマーサク	エージェント	不合格	不合格連絡	2023/06/01	合格
4								
5								
6								
7								
8								
9								
10								

「HERP Hire（ハープハイヤー）」「HRMOS（ハーモス）」「Talentio（タレンティオ）」など、月10万円程度から使えるシステムが、使い勝手の点ではいいでしょう。安いシステムや無料のATSもありますが、そういうものは全部自分で手入力しなくてはならないなど、手間がかかることが多いです。

細かい違いはぜひ、ATSを提供している各企業の担当者に話を聞いてみてください。各ATSは毎年、機能が更新されているので、その時点でどのシステムがいいのか、見定めてみてください。

ATSを入れると、面談のメモもすべて残しておけますので、例えば、その中から過去の候補者に再アプローチすることも可能です。

また、どの媒体から何件の応募があって、今月は先月より増えているのか減っているのか、どのポジションに全然応募が来ないのか、どこの人材会社がたくさん紹介をくれているか、などといった採用に関する実態を数字で確認することができます。

ワーク

ワーク1 まずは、応募者管理表をつくってみましょう
ワーク2 管理表の埋められる箇所をどんどん埋めてみましょう

二次面接		最終面接		オファー面談	
日時	合否	日時	合否	日時	受諾可否
6月3日	合格 ▼	6月12日	▼		▼
6月3日	合格 ▼	6月12日	▼		▼
6月10日	不合格 ▼		▼		▼
	▼		▼		▼
	▼		▼		▼
	▼		▼		▼
	▼		▼		▼
	▼		▼		▼
	▼		▼		▼

1-9

採用数値は "後ろ" からみていく

結果から採用プロセスを振り返る

🧑 採用できるなら、1人の応募でも100人の応募でも変わらない

　数字は "後ろ" からみていきましょう。結局は採用したい人に入社してもらうことが、採用活動のゴールです。つまり1人採用するために、たった1人の応募でも、その1人が採用できたら成功です。仮に100人の応募があっても、1人も採用できなかったら採用としては失敗です。そのため**採用の数字は、選考フェーズが進んだ内定や最終面接の数値こそが高い優先度**になります。

　面接で、実際に会ってみたらいい人だった、逆に会ってみたらミスマッチだったということも多々あります。採用数がKGI（Key

● 採用成果は応募数ではなく入社人数で測られる

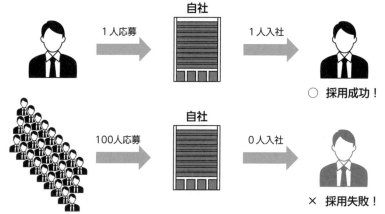

結局は、入社してくれたかどうかが大事！
応募数はそのためのプロセスでしかない。

Goal Indicator＝重要目標達成指標）だとすると、中間目標である KPI（Key Performance Indicator＝重要業績評価指標）は一次面接 数です。つまり、一次面接数が増えたら採用可能性が上がるのです。

　100人応募があったとしても、５人しか面接しなかったら５人分 しか採用が進んでいないということです。逆に応募が50名あって、 30人と面接したら、採用可能性は約６倍に広がります。会ってみた ら違ったという候補者もいますし、会ってみたら良かったという候 補者もいます。書類ではほとんどのことはわからないので、とにか く会う機会を増やすことが一番です。

優先度の高い数値を押さえておく

　採用活動でいえば、**「最終的な入社人数」の優先度が最も高く、 それに続くのが「内定承諾数」「内定数」「最終面接数」**の順です。 閲覧数、応募数、面接数と、後半になるにつれて、採用数値として の価値が高まっていくのです。逆に数字を前からみていくと、応募 者が「少ない・多い」という印象だけになってしまいます。応募数 を仮に100名増やせたとしても、それが採用につながるのか想像が つかなくなってしまいます。**一番後ろから数字をみていき、離脱を いかに防ぐかが、非常に大事なのです。**

ワーク

ワーク1 採用するためには、一次面接数を増やしましょう

ワーク2 「入社人数」「内定承諾数」「内定数」「最終面接数」 と数字を後ろからみて入社に結びつけましょう

採用戦略に関する失敗事例

会社全体で取り組まないとうまくいかない

よくある失敗 ▶ **人事以外が採用にコミットしていない**

　採用において、人事担当者がコントロールできる範囲は決まっていて、かつ少ないのが現状です。採用活動は、経営者や事業部長といった上層部と一緒に相談しながら進める必要があります。

　上層部も一丸となって採用に取り組むことで「採用予算をここまで使ってでも人材を採りにいこう」「このポジションの給与レンジはここだよね」といったお金の話もスムーズにできます。また、「採用に向けて、ホームページ自体からもう少ししっかりつくろうか」などと、目の前の採用活動以上の大きな話も生まれてきます。

よくある失敗 ▶ **採用するポストの順番を考えていない**

　どのポジションを採るかだけを決めて、その先は場当たり的な採用になっている企業は、実は結構あります。

　重要なのに意外と忘れられがちなのが、「採用する順番」です。順番を考えたときに、明らかに採用コストをしっかりかけてでも採りにいくべきポジションがあります。採用予算やリソースに濃淡をつけましょう。

　例えば営業マネージャーのようなマネージャー職であれば、マネージャー職の人の経歴やレベル感によって、その下につける部下のレベル感や採用要件が変わってきます。つまり、「どういうメンバーが必要か？」となったときに、その上のポジション（マネージャー）が決まらないと下につくメンバーも決められないのです。

　また、メンバー層の人から採用すると、マネージャー不在のまま
チームに入れられてしまう、という状況になってしまいます。

　本来であれば採用コストをかけてでも、先に営業マネージャーを
採用して、達成できたらメンバー層を一気に増やす、というのがや
るべき採用の方向性・戦略なのです。

　先にマネージャーがいてこそ、営業担当を採用した際にマネジメ
ントができて、組織としての成果が出やすくなります。

　このように、できれば順番を守って採用できればスムーズですが、
そうはいかない場合も多くあるでしょう。その場合は、営業マネー
ジャーが採用できるまで、一時的に社長自らが営業マネージャーを
兼任する場合などもあります。

● 1年間で12名の営業部門をつくろうとした時の採用順の事例

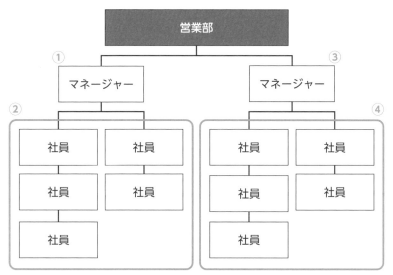

※この場合は①→②→③→④の順番で採用できると組織運営がスムーズ
　です。
　これが逆に営業担当の社員を先に10名採用してしまい、営業マネ
ージャーが不在だと、マネジメントする側がいないので組織がうまく
機能しません。

　これは歩留まりの話になるのですが、例えば「応募が10人来たら1人くらい採用できるだろう」「内定を出したらほぼほぼ受諾してもらえるだろう」というように、最初の読みが甘すぎて、結果として採用活動が全く想定通りに進まないというケースです。

　特に候補者が人材紹介エージェント経由の場合ですと複数社同時に受けているので、最終面接で内定を出しても実際に承諾されるのは3〜5割程度ではないかと思います。

　最終面接で合格するのは5割程度、内定を出して受諾されるのは8割程度などと、業界水準の妥当な範囲で数字を読み、各ステップの目標数値を設定するのがお勧めです。

採用代行はどんな企業の役に立っているか

・・

　月額制の採用代行「まるごと人事」を運営している私たちマルゴト株式会社では、これまでに8年間で350社以上の採用代行を行ってきました。

　業界はIT・Web、広告、人材、小売、建設、不動産、製造、環境・エネルギー、医療（病院の採用支援も！）といった分野まで。職種もエンジニアからマーケティング担当、セールス、カスタマーサクセス、経理・総務、医師や看護師など、多岐にわたります。地域についても、東京都内から地方までバラバラです。

　お客様からの具体的なニーズとしては「人事担当がいるかいないか」によって大きく変わります。

　人事部門がない会社からのご依頼については、そもそもの採用プロセスの構築や運用の経験が不足しているケースが多いです。私たちは、お客様となる企業の採用活動を代行し、候補者やスカウト対象者からの返信などを通じて、会社に興味のありそうな方々との適切な接点を増やすことと同時に、効率的な採用プロセスを設計していきます。

　一方、人事部門が存在しても、採用のほか、入退社手続きや評価制度の運用、忘年会などの社内イベントの運営まで幅広く兼務していることも多いです。

　人事部門の兼務している仕事が幅広くて採用にフォーカスできていない場合、採用に際して、人事部門自体がさまざまな課題に直面します。私たちはこのような会社に対しても、経験豊富な専門知識を用いて、採用代行サービスを提供しています。

　特に、大規模な採用プロジェクトや高度な専門職の採用では、採用代行は時間とリソースの節約に役立つだけでなく、ヌケモレを少なく

してタイムリーな対応をしていくことで、採用の成功を実現します。

　そして支持する側の私たちのもとに、喜びの声がいつも届いているのが励みになってます。

　「会社に合う人材を見つけることができました」「ターゲット人材からの応募が増えました」「スムーズな採用プロセスで現場の負担が軽減されました」「5日間ですごい進んでいてありがたい。自分たちだけでは3カ月かかってもできないことができている」「『以前に比べて明らかに良い候補者たちと会えるようになったねー』と皆で喜んでました。みなさんのおかげです」「業務面ではたくさんの内定承諾にお力添えいただいたり、そもそものオペレーション構築にご尽力いただき感謝感激です」など、喜びの声は数え切れないほどいただいています。その1つひとつが、私たちの仕事へのやりがいになっています。

　一言で「採用業務」といっても、企業ごとにさまざまな課題やニーズがあります。それらを幅広く代行することで、採用成功に向けて進めていくのが、採用代行会社の役目なのです。

第2章

「良い職場」づくりこそが
採用の根幹

～給与以外に社員に喜ばれる要素が
どれだけあるか？～

2-1

会社は「職場」というサービスを提供している

自社が社員に何を与えられるか考えよう

👤 どんな職場やどんな仕事内容、キャリアプランを提供できるか

中途人材を採用したい会社が意識すべきことは、**いまの職場を、求職者にとって魅力的なものにする**ことです。顧客に対してサービスを提供して喜んでもらうように、社員には職場を提供して喜んでもらうイメージです。

企業側が雇用者として優越感を持ち、「雇ってやっている」というスタンスでいることは、良い職場環境づくりにつながりません。このような考え方では、社員に対して給料以外の価値を提供する意欲が湧かなくなります。逆に「ほかの会社で働く選択肢もある中で、自社を選んで働いてくれている」という視点で考えることで、職場環境改善に向けた意識が生まれます。「社員のために何ができるだろう？」と考えることで、職場のニーズや改善点を見つけ出すこと

● 顧客へのサービス提供と同様に、社員には職場を提供している

▼ 事業・サービス
顧客にサービスを提供し、選ばれ続ける会社になる。

▼ 社員
社員に良い職場を提供し、選ばれ続ける会社になる。

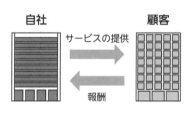

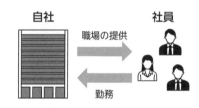

ができるのです。この章では、そんな職場づくりのポイントについて解説します。

優秀な人ほど仕事に対するニーズが多様化してきている

　いまは働き方がどんどん多様化しています。リモート・フレックス勤務、転勤なしの地域社員だけではなく、副業やフリーランスとしての働き方など、正社員として1社に所属すること以外の柔軟な働き方を求めている人もいます。**どんな良い職場をつくれるか、どんな仕事内容やキャリアプランの提供ができるかということが、本質的な差別化であり企業の魅力になります。**

　例えば、「実家の家業を手伝いながら仕事をしたい」「親の介護をしながら仕事をしたい」「自分のプロダクトを夜と土日で開発しながら社員エンジニアとしても働きたい」「フルリモートで田舎に住みながら働きたい」「家庭の事情で週3〜4日だけ働きたい」などといった要望に応えられる職場というのは、それだけで価値があります。

　マルゴト株式会社であれば、全員がフルリモートワークで女性比率が85％の職場ということもあり、子育てとの両立をしたい方が多いです。また、関東に住んでいた方が函館の実家の近くに住みたいということで引っ越したり、石垣島に憧れていた方が石垣島と東京の2拠点生活をできるようになったりと、ライフスタイルに関してはさまざまな要望に応えられていると感じます。

守ってほしいルールは明示しておく

　ただ、その会社ごとに守ってほしいことはあるはずです。「機密情報の持ち出しなどのセキュリティはきちんと守ってほしい」「こういう副業は認めていません」「週4日勤務だと給料はこれ以上は出せません」「絶対この数値以上の成果を出すことにコミットしてほしい」など、守ってほしいルールはありますよね。この点は、しっかりと事前に伝えるべきです。

良い職場とはなにか？

　会社の魅力は、給与以外では「スキルが身につくこと」「自分の労働市場での価値が上がること」「カッコいいオフィスで働けること」「自宅で働けること」「好きな企業の仲間になれること」「優秀な人と働けること」などがあります。

　自社の何が良い要素なのかを言語化してみる際には、**いままで長く働いてくれている社員に話を聞いてみる**のも効果的です。何にメリットを感じているのか、前の職場と比べてどこが良い点だと感じているのか、などを聞いてみましょう。

　逆に**ストレス要因を減らすことも良い職場づくりには必要**です。「怒っている人が同じフロアにいないこと」「お茶くみや電話番をしなくていいこと」「通勤時間が短いこと」「おいしくて安いランチが用意できること」「服装や髪型が自由なこと」「プレッシャーが強すぎないこと」などといったものです。

　細かいことがストレス要因になるケースもあるので、1つひとつ改善していきましょう。マルゴト株式会社に入社した社員の中には、前職で上司がいつもイライラしてコピー機を叩いたり舌打ちしたりしていることに耐えきれなくて転職を決めた、という人もいました。

 ## 優れた人材と働けることも自社の強みになる

　優れた人材と働けることも、職場の福利厚生です。どんな人がいるのかは求人票や募集文には載せきれないので、採用広報として外部に発信していきましょう。自分と価値観が合っている人、憧れる人、冷たくない人、優しい人、人格が優れている人——こういった人たちと働けることが、職場の満足度を上げます（なお、採用広報の具体的な方法については第5章で解説します）。

　また、「会社の代表が業界の第一人者」「CTOが凄腕エンジニア」「上司の人がこういう事業を成功させた」「この分野で何十年もやっている人」など、すごい人と働けることは、その人から学べる機会

があることを意味します。**研修だけではなく、現場で一緒に働く人から学べることが福利厚生になったりもします。**

研修の機会がなかなか用意できない、教育プログラムがないから社員が育成できないなどと自信を失わずに、働く人の存在自体が、その会社の魅力や福利厚生として感じてもらえないかを考えてみましょう。

例えばWeb広告業界で15年以上働いている人が上司であれば、部下もWeb広告に詳しくなれそうですよね。このような事実を研修制度の代わりに、メリットとして応募者に伝えることもできます。

マルゴト株式会社の「良い職場」の打ち出し方の例

例えば当社の例でいうと、正社員の8割以上が人事経験者・人材業界出身者なので、そんな採用経験豊富な社員と一緒に働けるというのが、人事のプロになりたい人にとって良い環境です。大手企業や有名ベンチャーの元人事の仲間たちに「前の会社ではどうしていたのですか？」「これって便利ですか？」などと聞けるのが、応募動機の1つになっています。

ワーク

ワーク1 どんな人にとって自社が「良い職場」なのか考えてみましょう
ワーク2 求職者にとって魅力的でレアな求人になれないか検討しましょう

誰もやりたくない事業はない。
視点を変えると魅力的になる

募集する仕事はどんな属性の人がやりたいかを考える

全人類がやりたい仕事、全人類がやりたくない仕事はない

たまに自社の事業領域に関して、「こんな仕事、やりたい人なんていないですよね」と卑下される企業の方もいます。ノルマがきつかったり、新規事業の拡販で積極的な営業をかける必要があったりする仕事を思い浮かべる人も多いでしょう。

ただ、それは誰もやりたくないってことはなくて、「こういう属性の人だったらやりたいと思ってくれそう」「シニアの方だったらやりたいって思ってもらえそう」「同じ作業をコツコツやれる人ならやりたいと思ってくれそう」「時間に融通がつく仕事をしたいと思う人には魅力的」「学歴は低くても稼ぎたい人はやりたいと思える」など、**切り口を変えれば、その仕事に適した、いい人材を採用できる可能性はあります**。

全人類にとってやりたい仕事はないし、逆に全人類がやりたくない仕事もないはずです。**自社で人材を募集する仕事は、どんな属性の人がやりたい仕事なのかを言葉にしていくのが重要**です。

魅力がなさそうでも、視点を変えれば採用はできる

まず、会社が提供できる独自の働き方や条件を見つけて、それを採用の魅力としてアピールしましょう。例えば、ある船の修理会社では、週6日働くハードな仕事で採用が難しかったものの、働き方を「10カ月働いて2カ月休む」という形に変えることで、採用に成功しました。

この会社の場合、週2日休みにすることは難しかったため、代わりに1年間のうちに2カ月間まとめて休めるという働き方にしました。これにより、趣味や長期旅行に時間を使いたいという人々にとって、魅力的な職場になったのです。

　諦めずに自社が提供できる魅力や条件を探求し、他社には真似できない独自の働き方や福利厚生を提案することで、採用に成功する可能性が高まります。

採用ではなく事業自体の内容を考えたほうがいい場合も

　その事業が儲からないうえに、きつくて、やり方も定まっていなくて、教育もできていない……という状況であれば、正直採用の問題ではありません。事業自体や事業のやり方に問題があるケースがほとんどです。この場合は、採用によって問題が解決できないので、そもそも人が集めやすい事業に変更できないかを考えましょう。採用だけではなく会社の根幹でもありますが、まずは収益がきちんと回る事業づくりからです。

　また、どんな組織体制であれば未経験の人でも活躍できるようになるかなど、事業内容から見直して人が集まりやすい事業に変えていくことで、会社が強くなるケースもあります。

● 事業と採用は連動している

事業が好調、サービスがしっかりしている、教育体制がある
→候補者も安心して入社できる。採用も強い。

事業が不調、サービスが定まっていない、教育体制がない
→候補者が不安になる。採用もしにくい。

例えば**事業としてこういう大変な案件をやれば儲かる、とわかっていたとしても、「社員のために、この案件は受けない」と決めることで、採用がうまくいくケースもあります。**このようにそもそもの事業内容から考え直すことも有効です。

　当社は、全社員がフルリモートワークで働く会社ですので「もっと高い単価を払うから、東京のオフィスに御社の社員を出社させて手伝ってもらえないか?」とクライアント企業から言われてもすべて断っています。そういった経営の意思決定のうえで、社員全員のフルリモートワーク勤務が可能になり、たくさんの応募が来て人が集まる環境になっているのです。

採用はPDCAサイクルの連続

　採用のやり方に完成形はありません。「Plan」→「Do」→「Check」→「Action」のPDCAサイクルの繰り返しです。時代も変わるし、市場も変わるし、競合の採用方法も変わるし、自分たちの会社の組織の規模や、事業のフェーズも変わっていくからです。

　例えば募集文に掲載した、あるキャッチコピーがヒットして、たくさん応募が来たとしても、それをずっと使っていると、そんなに応募が来なくなったりします。例えば「AI」「Web3」「暗号通貨」「メタバース」「地方創生」というトレンドに関心を持つ人が増え、一時的に注目を集めることがあったとしても、その流れがずっと続くとは限りません。

　また、「ベンチャー」よりも「スタートアップ」という言葉のほうが人気になったりするなど、採用関係で使われる単語もどんどん変化します。

常に採用をもっと良くできないかを考える

　採用担当者は、自分たちの採用をもっと良くできるのではないかと考えて、どれだけ今月の応募が集まったかなど、採用に関する数字をチェックしたり候補者の反応をみたりしながら、施策を変えて

いくことが仕事です。

　1回うまくいったらずっと同じことを繰り返せばいいわけではなくて、効果が出るまでその手法を使いこなしつつ、数字が下がってきたときに備えて、次は何を変えればいいのだろう、と試していきましょう。その際に他社の求人や募集を見て、どういう採用をしているのかを見て比較してみることも有効です。

　それぞれの数字や状況をみながら分析して変えてく意味で、PDCAサイクルを回していくことが重要になってくるのです。**採用力の高い会社は毎年、自社を振り返って改善し続けられる会社だと感じています。**

ワーク

ワーク1 事業の魅力をどう打ち出せばいいのかを考えてみましょう

ワーク2 人が集まりやすい事業内容・業務内容に変更できないかを考えてみましょう

2-3

採用競合が明確にいるなら、勝つポイントを決めて1点突破する

待遇、やりがい、自由度、福利厚生……自社の強みはどこにある？

👤 給与、休み、自由度、知名度……何で勝っているか？

採用の競合が明確にいる会社もあります。例えば「コンサル会社なら、あの会社かこの会社、どちらがいいのかな」などと比較されることはよくあります。

その場合は競合に対して**「なんのポイントで勝つか」を決めるのが大事で、その際は一点突破で差別化する方法がいいと思います。**全体で少しずつ勝とうとすると、他社との差も理解されにくく、コストがかかってしまいます。

👤 「この点は負けない」という推しポイントをつくる

他社と差別化したい要素は、休みなのか、自由度なのか、給与なのか、働き方なのか、分野の面白さなのかなど、1つに絞ってそこで勝つことです。例えば、ほかの会社がリモートワークしていないなら自社はリモートワークにするとか、自由度が他社よりも高いとか、給料が高いとか、休みが多いとか、新規事業にかかわれるとか、魅力的な上司の下で働けるとか、AIやロボットに関する新しいプロジェクトにかかわれるなど、まずは自社で勝負したいポイントを決めることが大事です。

「この点だけは他社に負けない」という点を、自ら積極的につくっていきましょう。

候補者や社員からフィードバックをもらいながら進める

　また、競合と自社、どちらからも内定をもらって自社に入社してくれた人がいる場合には「どう比較して、当社に来てくれたのか?」をストレートに聞いてみましょう。他社と比較した目線から、自社の魅力がどういうものなのかを知ることができます。

　「実はあっちの社長の雰囲気とか上司が厳しそうだったんですよね……」などといった、定性的な話が出てくることもあります。

　自社がライバルに勝てる推しポイントを見つけるために、フィードバックをもらいながら進めてみてください。

● 入社してくれた社員から、自社の相対的な魅力を教えてもらう

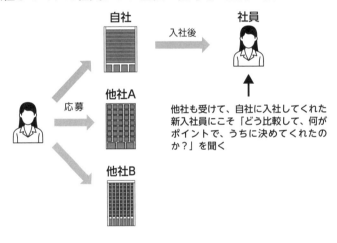

| ワーク1 | 競合に一点突破で勝つためのポイントをつくりましょう |

ワーク1　競合に一点突破で勝つためのポイントをつくりましょう

ワーク2　他社も受けて自社に来てくれた社員からフィードバックをもらいましょう

退職者は何が原因で辞めたかを分析しよう

社員の「入り口と途中と出口」をすべて観察する

会社を続けていれば、退職者はどうしても一定数は出てきます。重要なのは、**退職者について分析してみて、それを次の採用に生かすこと**です。どんな属性の人が、どんなモチベーションで入って、どういう理由で辞めたのか、という「入り口」「途中」「出口」をすべてみていくことで、退職者の傾向がクリアに理解できます。できれば目を背けたくなる退職者ですが、きちんと向き合って、表面的な口実ではなく、退職に至ってしまった本当の原因を深く理解していきましょう。

「家庭の事情で……」を真に受けない

退職者を分析する際には家庭の事情などの表向きの退職理由ではなく、そもそもの「**入社動機が満たされていなかったのではないか?**」などという、**本音を探る視点から考えていく**ことが必要です。

家庭の事情があっても仕事を続けたい人もいれば、家庭の事情によってすぐ辞めたいという人もいます。結局は家庭の事情は本当の原因ではなく、会社の魅力の問題になるのです。

何を嫌に感じていたのか、入社時に思っていたことと何が違ったのか、本人にとってのネガティブ要素はなんだったのかをみつけましょう。

逆に自分たちも、「この人に対してこんなことしかできなかった」「こんな部分が自社に足りなかった」「うちの会社とはここがなんか

● 入社動機から退職の経緯まで、退職理由を分析する

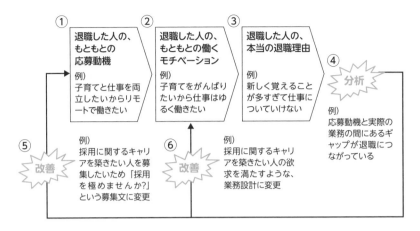

① 退職した人の、もともとの応募動機
例）子育てと仕事を両立したいからリモートで働きたい

② 退職した人の、もともとの働くモチベーション
例）子育てをがんばりたいから仕事はゆるく働きたい

③ 退職した人の、本当の退職理由
例）新しく覚えることが多すぎて仕事についていけない

④ 分析
例）応募動機と実際の業務の間にあるギャップが退職につながっている

⑤ 改善
例）採用に関するキャリアを築きたい人を募集したいため「採用を極めませんか?」という募集文に変更

⑥ 改善
例）採用に関するキャリアを築きたい人の欲求を満たすような、業務設計に変更

合わなかった」という視点で、なぜ退職したのかを考えてみましょう。

職場の改善のヒントや、採用すべき人の傾向も見つかる

このように辞めていった人を観察することで、「自分たちが何を面接の際にみておくべきだったのか」「どんな人を採用すべきで、どんな人は採用すべきではないのか」という傾向を見つけていくことができます。

辞めた人の傾向への偏見は避ける

ここで注意すべきなのは、退職者を分析することで要らぬ偏見を抱いてしまうことです。

例えば「○○大学出身の人は全員ダメ」「○○県出身者は性格的にうちとは合わない」「男性（女性）はうちにはなじみにくい」といったものです。このように意味がないハードルを設けてしまうと、どんどん採用ターゲットが減っていきます。

そうではなく、「こういうモチベーションで入った人が、こういう理由で辞めてしまった。この原因を考えて、次は改善しておこう」

などと考えることです。

　退職者の本当の退職理由に向き合わないでいると、対策を打てないまま、新しい人材を採用しては退職する、という穴の空いたバケツに水を注ぐループを続けることになってしまいます。

　もし、**本当の退職理由を退職者本人に聞ける機会があれば、会社にとって耳の痛い話であっても、正直に聞いたほうがいいです。**

　退職した社員にかかわっていた上司と部下や同僚たちにとっても、なんでこの人が辞めたのかを分析することは、すごく意味のあることです。

人間関係が理由で退職する人が退職ランキングではトップ

　実は、退職する一番大きな理由は、社内の人間関係です。ここをどう減らせるかは、採用で苦労している全企業が向き合うべき課題でしょう。

　人間関係といっても、何が問題となっているかはさまざまです。

● 人間関係が理由で退職する人をいかに減らすか
会社に伝えた退職理由と、本当の退職理由
（「NIKKEI STYLE」2016年3月14日付記事をもとに作成）

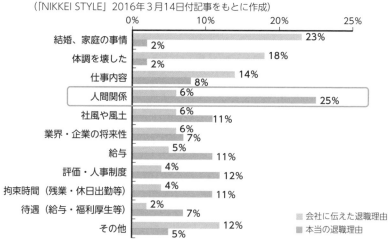

出典：https://www.nikkei.com/article/DGXMZO98166900Y6A300C100000

「上司が偉そう」「同僚や部下がやる気がない」「グループや派閥があってそこに入らないといけない」「周囲に迷惑をかけるような人がいる」「ネガティブな人の発言で悪い影響が周りに伝わっている」「直接の上司とその上の上司で言っていることが違う」などといった原因がよく挙げられます。

あとは初期から活躍してくれている社員と、新しく入ってきた社員をどう扱うか、といった摩擦についての問題もあります。

特に、若い社員と年齢が高い社員、上司と部下、同僚同士、マネージャー同士、部署同士などが、よく揉めがちです。

👤 人間関係の揉めごとになる原因を分析する

このような理由での退職を減らすには、自社で、どのような人間関係の問題が起きそうなのか（いま起きているのか）を考えて、それを防ぐための対策を打っていくことです。

例えば、現在のマルゴト株式会社は社員が150人以上おり、全員がフルリモートワークのため、業務以外のプライベートな人間関係は生まれにくい組織体制になっています。派閥なども発生しにくく、人間関係の揉めごとも少ないことがメリットですが、直接の上長以外はあまり社員にかかわらないことがデメリットでした。

そのため新人に対して他チームのベテラン社員が相談役のメンターとしてついてもらう制度や、チームを超えた勉強会、任意参加のオンライン飲み会、上長に相談しにくいことを相談できるホットライン窓口の設置などを実施することで、孤立せずに相談しやすい環境を整えています。

👤 人間関係を円滑にする具体的な取り組み

一方、社内で幅広い人間関係をつくる施策も考えられます。例えば、部署を超えた人間関係をつくりたい場合は「ランダムランチ」のような名称で、毎週水曜日は別部署の人とランチに行くとランチ代を会社負担で払うといった取り組みもあります。

趣味でつながる社員同士の人間関係をつくるために、フットサル部、バスケ部、筋トレ部、サウナ部、登山部、オンラインゲーム部、ボードゲーム部などの○○部をつくって活動することを促すこともあります。

　また、売上目標などに直結をした形で、その部署で目標達成した場合に豪華な飲み会費用を会社負担で出すなども、いい取り組みでしょう。会社の社風や集まっている人たちの特徴にもよりますが、テーマを決めた研修や合宿、共通の体験づくりを目的とした社員旅行も、人間関係を深める取り組みです。

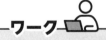

ワーク

ワーク1 「家庭の事情で……」と言われたときは、本当の退職理由を知りましょう

ワーク2 どんな場合が人間関係の揉めごとになるか、分析し対策を考えてみましょう

良い職場づくりのよくある失敗

よくある失敗 ▶ 問題となる個人の影響を甘くみていた

会社において、問題となっている個人1人がほかの全員に悪影響を及ぼすことがあります。例えば、常に不満や愚痴を言い続けるシニア社員がいる職場では、その行為によってほかの社員が職場環境に不満を抱くことがあるでしょう。これは個人の問題なのですが、会社全体に悪影響が生まれることなので、適切に対処する必要があります。

問題となっている社員の周囲への影響力は大きく、放置することは良くありません。そのため、問題となっている社員に対して適切な対処を行い、職場環境を改善していきましょう。

「適切な処置」とは、**きちんと会社の経営陣や上長の立場から、問題行動に関して改善依頼を出すことです。**口頭で感情を出して怒っても仕方ないので、業務改善指導書のように文面として残る形で、きちんと仕事上の問題だという位置づけで指導していきましょう。

問題を放置せず、ほかの社員に悪影響が及ばないように、個人をコントロールし、職場環境を改善していきましょう。

よくある失敗 ▶ 部署間の対立がいつも起きてしまう

部署間の対立は、1つ上の概念やカテゴリーで統合することが解決策です。例えば阪神ファンと巨人ファンが対立構造で揉めていたとしても、「野球観戦は楽しい」もしくは「世界大会の日本代表チームを応援しよう」という共通のテーマにすれば、対立構造を生む

ことなく話すことができます。それと同様に、営業部と技術部でお互いに「こうしたい。こうしてほしい」と要求しあって対立している場合は「『お客様が求めていることは何か？』から考えよう」「売上を上げるために会社として優先順位が高いことはなんだろう？」などと、目的の部分の問いを投げかける方法があります。

　つまり**「どっちの方法が正しいか」といった、手段に関しての対立構造が生まれている場合は、「その方法の目的は何か？」という１つ上の概念を双方で話すように促すことで、目先の対立がなくなり、全体最適について考えられるようになります。**

　経営陣は現場の状況を把握し、コミュニケーションを大切にすることが重要です。部署間の対立は、１つ上の概念やカテゴリーで話し合い、会社全体の目標に統合することで解決できます。対立構造を放置せずに解決することは、良い職場づくりに欠かせないことの１つでもあります。

カンボジアで社員を雇用してみて気づいた、日本との働き方の違い

　私は、2013年から2015年までカンボジアで人材紹介会社を経営していました。最終的にカンボジア人の社員が30名ほどの規模まで成長させることができました。カンボジアで社員を雇用し会社を運営してきた経験が、私の働き方や仕事に対する価値観に大きな影響を与えています。

　最初に驚いたのは、カンボジア人と日本人の働くことに対する優先順位の違いです。私たち日本人は、一般的に仕事を非常に高い優先順位で考えています。しかし、カンボジアでは違いました。彼らにとって、仕事は大切だけれども家族が最優先。自分の妻や子供だけではなく、兄弟や親が風邪をひいた、という理由でその社員自身が仕事を休むこともありました。

　このような彼らの姿勢に「それって本当なの？　ちゃんと責任持って仕事しなよ！」と当初は思い困惑しました。しかし、そのような出来事が続いたときに「これは彼らが間違っているのだろうか？　もしかして私が間違っているのではないか？」という疑問が湧きました。

　私たち日本人の中では、仕事を優先することが当然とされてきました。しかし、仕事をする理由は、仕事を通じて誰かの役に立つということに加え、最終的には自分や家族を養い幸せに生きることですよね。最初はサボっているのではないかとすら思った家族想いの行動が、逆にそこまで家族を大事にできているのはすごいなと羨ましくなり、自分自身の中でも変化が生まれました。そこで「家族を大事にしながら、仕事をする」という視点が自分にも生まれました。

　その後、日本帰国後に会社を設立するときも、私は子育てにも大き

くかかわりながら自宅で起業するという道を選びました。また2021年に北海道に住む父親が癌だとわかったときも、すぐに地元に帰って移り住むことができました。「家族を大事にしながら仕事をする」という価値観を持って働けていると自負しています。

　カンボジア人は仕事も大切にしながら、家族を最優先に考える生活を選んでいます。それは彼らにとっては当然の選択で、それにより自分たちの生活を豊かにしています。

　私たちも、仕事と家族をどのように両立させるかを自分自身で選ぶことができます。その選択は個々のライフスタイルや価値観によるものです。私はカンボジアで社員を雇用した経験を通じて、家族を大事にしながら仕事をするという新たな視点を得ました。その視点を持つことで、仕事と家族のバランスを取り、自分自身の生活を豊かにすることができました。仕事への多様な価値観を理解することが、さまざまな人を雇用できる器の広い会社につながると考えています。

第3章

採用に有利になる
会社の印象コントロール術

～会社も「身だしなみ」が大事！～

3-1

社長こそが採用の広告塔

トップ自ら情報発信していい人材を集めよう

 社長は会社の広告塔として適任

　採用活動は、人事担当者だけで動くわけではありません。あなたがもし人事担当者なら**「社長も動かす」**ことを意識しましょう。むしろ社長自身が、採用を人事担当者に任せるのではなく、自らどんどん出ていくべきです。

　社長は会社の広告塔として最適な存在です。社長のSNSはプレスリリースに近い効果があります。すべての応募者から見られる、ある意味公的なものといえます。この点を意識して発信するようにしましょう。

　候補者は社長の投稿を通じて、会社のトップの人柄や考え、さらには会社の社風についても垣間みることができます。

　例えば朝礼で話していることや社内報で書いたことを社外にも発

● **中小・ベンチャーほど社長が会社の広告塔になる**

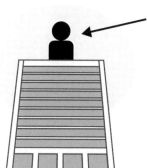

社長こそが、
社外から見たときに、
企業の広告塔になる。

信するようなイメージで、「会社をつくってから〇年が経ちました。いま思っていることは……」「今月は〇名の方に入社いただけました。これからやっていきたいことは……」などといった情報を発信していきましょう。

　このように**社長自ら情報発信をしていくと、会社全体の最近の動きやトピックスについてチェックしてくれて、共感したり安心したりワクワクしてくれたりする候補者が出てきます**。面接の際にも、「社長ブログを全部読んでから来ました」という声が出てきます。このような人は、すでに社内の人に近いレベルで会社理解をしてくれています。

　なお、採用広報の視点からみて、あまりにも過激な発言や誰かを傷つけるような投稿は控えるべきです。投稿内容が適切かどうか不安であれば、チェック担当を用意して、投稿前に内容をみせてもらうようにしましょう。

 ## 社長に「こんな内容の投稿をしてください」とお願いすることも

　ただし、社長自身も採用のために何をすればいいのか、採用担

● 社長自らがSNSなどで発信する事例

※著者のフェイスブックページ

第3章 採用に有利になる会社の印象コントロール術

から何をしてほしいのかがわかっていないことも多いです。そこで、採用担当の立場から、具体的にどんなことをしてほしいのか、はっきりと述べておきましょう。例えば、以下のようなことです。

・採用情報をSNSでシェアしてください。
・社長自身が、こういう想いをここで語ってください。
・インタビュー記事でこれについて喋ってください。
・こういうイベントに出てください。
・講演会で話すときは採用していますと言ってください。
・この人の最終面接では本気で口説いてください。
・こういう人がいたらぜひ人事部にパスしてください。

　こういったように、**社長の動き方も含めて採用プロジェクトとして動かしていくと、社外向けへのPR効果が高いので、採用を加速していけます。**

社長も動かされたい

　社長も採用の重要性は認識しているはずなので、むしろ採用に有利なことであれば、どんどん自分から動きたいと思っています。遠慮せずにどんどん社長を動かして、採用できたら全力で「さすが社長！」とほめてさらに動いてもらいましょう（笑）。
　逆に人事担当者だけで採用活動を小さく行って、全然採用できないようでは、社長に怒られてしまうでしょう。採用は会社全体のプロジェクトです。社長も巻き込んで動いていきましょう。

ワーク

ワーク1 社長のSNSを採用に活用させてもらいましょう
ワーク2 まずは社長に１つ、採用のお願いごとをしてみましょう

3-2

社長の見た目を改善しよう

社長の写真1つで会社のイメージが大きく変わる

👤 社長の見た目でその会社のイメージは思った以上に左右される

実は採用において、社長の見た目はめちゃくちゃ大事です。入社後に社長とは直接業務でかかわらないにしても、ホームページの社長の写真は、応募者はしっかりとみています。「この社長はどんな人かな」とほとんどの応募者は気になっています。

もちろん、ホームページなどに掲載されている社長メッセージや文章を読んでくれる応募者もたくさんいますが、それ以上に写真の一瞬の印象で、会社の印象は判断されるんだな、と感じます。

例えば「けっこう年齢が高そうに見えるけど新しいことにチャレンジする会社なのかな」「なんとなく不健康そうだけど大丈夫かな」

Before → **After**

※著者のプロフィール画像の変化です。

「お金づかいが荒そうだな」などという感じで偏見を持たれること
もあります。

　社長が思っている以上に、写真の印象だけで、その会社のイメー
ジが良くも悪くも左右されてしまうものです。会社のイメージを良
くするためには、写真などで変な印象を与えないほうがいいのです。

社長の写真の印象を変える方法

　社長の写真の印象を変えるには、「社長の見た目自体を改善する」
「社長のプロフィール写真を改善する」という2つの方法がありま
す。どちらかでもやると印象がガラッと変わります

　まずは、社長自らスタイリスト、美容師、パーソナルトレーナー
などの外部の人の力を借りて、見た目の改善をしていくことを考え
ましょう。写真自体もプロカメラマンの人に頼んで、姿勢や表情も
含めてこだわって撮影するのがお勧めです。

　**写真を通して、社長自身が「いい人そう」「誠実そう」という良
い印象を持たれ、憧れられるような存在になることで、採用におけ
るマイナスポイントを減らせます。**

腕を組んでいる写真だと威圧的に感じられる

　写真における威圧的な態度は腕組みでも伝わってしまいます。腕
組みは、「強そうに見える」「自信満々に見える」のが良い点ですが、
「上から見下されている」という印象になることもあります。

　一方、「自然体で微笑んでいる」「リラックスした姿で写っている」
写真のほうが、特に女性や若い方々からの印象が良くなります。ポー
ズや背景まで気を使って写真を撮ることが大事です。

ワーク

> **ワーク1** 社長の見た目を改善しましょう
> **ワーク2** 社長のプロフィール写真を撮り直しましょう

3-3

ホームページに載せる 社員の写真を改善しよう

自社の雰囲気にあった写真を載せるようにしよう

不自然な写真は、若い人には刺さりにくくなっている

　写真については、社長だけではありません。ホームページ内の社員のインタビュー写真、求人広告へ載せる社員の写真も重要です。写真が大事なのは、求職者が見る転職サイトの検索結果で、一覧として表示されるのは写真や画像であることが多いためです。ガッツポーズや、スーツで肩を組んでいるといった、普通の場面ではやらないような不自然な写真は、特に若い人には刺さりにくくなっています。

　若い人はWebでさまざまな写真情報を見慣れているので「この写真は明らかにやらされているよね」などと思われてしまい、その会社への印象が悪くなってしまうのです。

カメラ目線ではなく、自然な感じの写真が好印象を与える

　ガッツポーズや肩を組んでいるような写真ではなく、むしろ自然にしている雰囲気が伝わる写真や、仕事の日常の風景、楽しく談笑している感じの写真のほうが、いまの時代は好印象を与える確率が高いでしょう。

　また、採用のために社員を出す写真を撮る場合にも、プロのカメラマンに依頼して撮ってもらうべきです。3万〜10万円かける価値が十分あります。自然と楽しい話をしている様子などを、カメラマンからたくさんの枚数を撮ってもらった後に、良い感じの表情の写真を何枚か選ぶのがいいと思います。

✕ 不自然：肩を組む・ガッツポーズなど

○ 自然な様子：話している様子・談笑している様子

企業のファンを増やす仕事！採用代行にチャレンジしませんか？

マルゴト株式会社　　　　　　　　　　　埋め込む　〜　✎　🐦　f

採用ターゲットと近い人を写真に載せる

　なお、写真は社員全員に出てもらう必要はありません。顔出しし
たくない社員もいるでしょうし、全社員で並んだ椅子に座ってまっ
すぐカメラを見て撮った集合写真を掲載するのも、硬い印象になる
ので採用としては不向きです。

　むしろ、**採用を目的としているなら、採用ターゲットと近い人を**

写真に載せたほうがいいです。「自分が応募していい求人なんだ」と視覚的に候補者にわかってもらえるためです。

　つまり、30代を採用したい場合は30代の社員の方に出てもらったほうがいいです。逆に20代の人を採用したい場合に、50〜60代の社員を出すようなことは避けましょう。

　また、男性を採用したいなら男性が多い写真がいいし、女性を採用したいなら女性が多い写真のほうがお勧めです。

服装や髪型も採用目線でチェックをする

　採用ターゲットの視点からなじみのある人を出すことが基本ですが、服装もそうです。**ターゲットになじみのありそうな服装を意図的に選ぶことが重要です。**

　写真からみえてくる「こんな服装で働くのだろうな」という印象は、求職者から職場のイメージを持ってもらいやすいものです。制服で仕事を進める場合には制服で撮ったほうがいいですし、スーツの職場ならスーツで、私服の職場なら私服でという感じです。**服装のイメージは会社イメージに直結しやすいので、こだわって写真を撮ってください。**

　また服装に関しては、服のブランドのロゴマークなどが入っていないことが大事です。大手スポーツブランドのロゴが大きく入っている服で写真を撮ると、そのブランドの宣伝みたいになってしまいます。スーツ以外で写真を撮る際には、無地のものや文字が入っていないものが望ましいでしょう。

　写真撮影の日には髪型をセットしておくことも大事です。髪がボサボサの社員たちが並んでいると良い印象を持たれません。最低限の身だしなみはどんな職種でも必要です。

素材サイトなどで写真を購入する手も

　なお、採用向けの写真は直接社員に出てもらったほうが職場イメージが伝わるのでお勧めですが、職種や業界によっては写真に出た

くない人が多い場合もあります。その場合は有料の写真素材サイトで購入することも考えましょう。

なお、このような場合は、あまりにもキレイすぎる合成のような写真よりは、できるだけ普通の写真に近い素材のほうが使いやすいでしょう。

● 採用写真はターゲットから見てなじみのある人と服装で

ワーク

ワーク1 求人サイトに載せる社員の写真も撮り直しましょう
ワーク2 写真はターゲットになじみのある人と服装で撮りましょう

自社ホームページは候補者から必ずチェックされている

ダサいホームページでは応募は来ない

ホームページはカッコつけすぎる必要はない

　自社のホームページはどんな経路で来た応募者でも絶対にみています。そのため、**ホームページは、応募者からチェックされていることを前提でつくるべき**です。

　仕事の受注はホームページに頼らず、人づてで受注できていたとしても、自社のホームページがダサすぎると、採用活動はうまくいかなくなります。**ホームページがダサい会社に積極的に応募したいと思う人はほぼいない**からです。ホームページ自体も最低限の企業の身だしなみだと考えましょう。

　かといって、ホームページをデザイン性だけを高めてつくり込みすぎるのもよくありません。ホームページのトップページに掲載する写真や文章は、あまり尖らせずに、まずは悪い印象を持たれないものをつくるのが無難です。

　例えば、すべてが動画になっているなど、ものすごくこだわってホームページをつくると、重くなってしまってかえって必要な情報にたどり着かなくなってしまいます。特にスマホからだと読みにくくなり、離脱されてしまうので、こだわり過ぎなくて大丈夫です。

スマホからでもサクサクと読めるページを目指す

　ホームページ作成に必要以上にお金をかける必要はありません。ただし、**スマホから普通に会社概要が読めるなど、求職者が必要としている情報を無理なく得られるように**はしておきましょう。最初

は、コンテンツをそれほど充実させる必要はありません。

　動画やアニメーションのないシンプルなサイトでいいので、**載せるべき情報がそろっているか、あまりにもデザイン性の低いものになっていないかをチェックして整えておく**のがお勧めです。ちなみに自社の求人ページに誤字脱字が多い会社も意外とあります。それだけで「採用に力を入れていないのかな……」と心配されることもありますので、誤字脱字チェックも欠かさずに行いましょう。

　まずは「採用のときに候補者が読むものだ」という目線で一度、自社のホームページを見直してみて、どこが改善できそうかを確かめてみてください。

● いいホームページとわるいホームページの例

魅力と最低限の
情報が揃っている

情報のみで
端的すぎる

スマホから読みにくい。
情報が抽象的すぎる

~~として働きませんか？
こんな働き方ができる環境で、
こんな仲間と一緒に成長できます。

採用ピッチ資料

当社で働くメリット
①　　　②　　　③

よくある質問

募集職種一覧はこちら

応募フォーム

求人情報

・勤務時間

・給与

・応募年齢

・業務内容

・応募フォーム

Be ambitious!!

君は本気で生きているか？

全力で成長したいなら
この会社しかない。
仲間募集。

応募フォーム

ワーク

ワーク1　求人ページは必要な情報が揃っているか確認しましょう

ワーク2　求人ページはスマホからでも読みやすく応募しやすいかをチェックしましょう

「自社はなんの会社か」が一言で伝わるようにする

自分の会社のことを一言で言えない人は意外と多い

社員を採用したいのであれば、「自社を一言で言うならこれ」ということをある程度決めておくといいでしょう。しかし、これができていないケースは意外と多くあります。特に事業内容ですね。「何をやっている会社ですか？」と聞かれたときに「いや、ちょっといろいろとやっていて、なんて言えばいいかわかんないんですけど……」というようなケースは、シンプルに思考が整理されてない証拠です。

自社を一言で説明できないと、個々の事業をバラバラと説明してしまい、「説明を聞いたけど、結局はなんの会社だったのかわからない」と感じられてしまいます。

マルゴト株式会社の場合は「共に理想を叶えるオンラインチーム」、また、提供しているサービスである"まるごと人事"なら「月額制の採用代行」という言葉で説明を始めています。

自社の価値観を誰にでも説明できるようにしておく

事業や業務内容の現状を説明するのはもちろんですが、「なんのためにやっているか」「何を目指しているか」という会社の未来のことを知りたい応募者も多いです。

そのため、特にベンチャー企業では、自社の**「ミッション」「ビジョン」「バリュー」**を定めていることがよくあります。

最近だと、この会社が何のために存在するのか、という**「パーパ**

ス（存在意義・目的）」も重要になっています。つまり、「こういうために存在している会社なんだ」という考えですね。このような想いを伝えるために、言語化に取り組むことが重要です。それぞれの言葉の違いとしては、次のようになります。これらすべてを用意しておく必要はありませんが、自社を一言で表現するワードは用意しておきたいところです。

- ミッション：会社として取り組む使命・強い責任感を持っている事柄
- ビジョン：目指している具体的な姿・様子
- パーパス：会社の目的・存在意義。なんのために活動するのか？
- バリュー：パーパスに向けて進むための大事な価値観
- 経営理念：経営陣の価値観を言語化したもの

● ミッション、ビジョン、パーパス、バリュー、経営理念の位置づけ

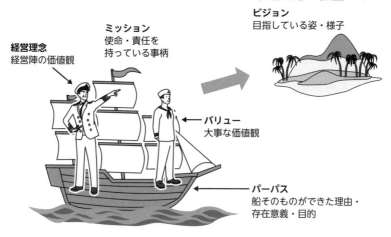

これらはすべてを網羅的に言語化する必要はありません。特に、経営陣が強い想いを持っている部分を言葉にして打ち出しましょう。例えばサイバーエージェントではパーパスとして「新しい力とインターネットで日本の閉塞感を打破する」、ビジョンとして「21世紀

を代表する会社を創る」と設定されています。

　またメルカリではミッションとして「あらゆる価値を循環させ、あらゆる人の可能性を広げる」、バリューとして「Go Bold　大胆にやろう」「All for One　全ては成功のために」「Be Professional　プロフェッショナルであれ」の３つが設定されています。

　ちなみにマルゴト株式会社では、目的という方向性だけがあり、数年単位での目標を置いていないことから、パーパスとバリュー、そして経営理念で運用しています。

　マルゴト株式会社ではパーパスが「Team for ideals〜理想をともに叶えるため〜」、バリューが「For the team, For myself.〜人のために動ける自分であろう〜」、経営理念が「理想のサービスと理想の職場を同時実現する」です。

　ミッション、ビジョン、パーパス、バリューや経営理念があると、求人広告の一番上に、「私たちは○○の会社です」や「○○の事業をやっています」と一言説明してから、詳しい仕事の内容を書くことができます。

　つまり、**最初の一言目で全体の説明がないと、求人広告などを読む側としてはどんなカラーの会社かわかりにくい**のです。そのため、一言で伝える言葉をつくることをお勧めしています。

言語化する際は、本音で思っていることを書く

　会社の特徴を言語化する際のポイントは、**経営者・経営陣の人たちが「本音で思っていることを書く」**ことです。これは、会社としてはっきりとしたミッションやビジョンを持っていれば、難しいことではありません。

　ただし、経営者としての本心は自社の利益を最大化したいのに、「豊かな社会をつくり上げる」など、本音では思っていない言葉を並べても応募者からの納得感は得られません。

　本音ではない言葉かどうかは、経営陣の日々の言動ですぐにわかります。本音ではない言葉は社長や経営陣が普段使うことがなく、

結果的に社内での共有もなされません。ミッションやビジョンを特に意識するべきなのは、主に経営者や役職者なので、まずは自分たちが本音で納得感のある言葉をつくるのが大事です。

ミッションやビジョンは、きれいな言葉や、英語のかっこいいフレーズにこだわる必要はありません。「目の前のお客さんに喜ばれよう」「新しいことを次々とする」「大きな商売をつくる」「利益を最大化する」ということでも大丈夫です。大事なのは、自分たちが本音でやりたいことをミッションやビジョンにすることです。

🧑 ターゲット層に刺さる言い方をつくる

ほしいターゲット層にフォーカスを当てた言い回しで言葉をつくると、さらに採用へのインパクトが強くなります。万人受けを狙ったメッセージは誰にも響かないので、ターゲットを強くイメージし、その層に訴求できる言葉をつくることが大事です。本音の想いを言語化することが大前提ですが、そのうえで言葉の表現をターゲットに合わせる方法です。

あくまで1つの例ですが、**年齢が高めのシニア社員を集めたい場合にミッションがすべて英語だったら伝わりにくく、逆に若い人を集めたい場合に四文字熟語をもじった言葉にすると響きにくい、ということはあり得ます。**

また、エンジニア向けだったら、「○○をハックする」「社会の○○を開発する」「○○なプロダクトをつくる」などという言葉があるといいかもしれません。営業向けなら、「○○でナンバーワンになる」「打倒○○」「新しい○○を社会に提案していく」「○○サービスを全国に広げる」といった要素のあるものが、なじみやすいかと思います。

新卒向け、デザイナー向け、経理向け、マーケター向け、などでそれぞれ傾向として伝わりやすい言葉が違ってきます。**「誰を採用し続ける会社なのか」**を考えると、ミッションやビジョンの言葉も**ブラッシュアップすることができます。**

バリューや行動指針は現場の人へ届くメッセージにする

バリューや行動指針は、何を大事にするのか、という働くうえでの価値観です。実際に働く社員の中では、このバリューや行動指針が一番身近な言葉になります。

ミッションやビジョンは、ちょっと遠くて全体の方向感を理解してもらうためのもので、将来性について安心してもらえたり、ワクワク感を持ってもらったりするものです。一方で、実際の普段の業務をするうえではバリューや行動指針がよく使われます。

バリューや行動指針の言葉をつくるうえでは、マネージャーやリーダー層を巻き込んで、一緒に考えてもらうのがいいかと思います。バリューや行動指針は、3〜5つくらいが使いやすいでしょう。

すべての大事なことを盛り込もうと思ったら盛り込めないので、**「特にこの言葉があるとマネジメントしやすい」という観点で、バリューや行動指針を考えてください。**

チームをいい方向にマネジメントして率いていくうえで、普段使いやすい道具としてのバリューの言葉を設定するといいでしょう。

ワーク

ワーク1 「御社はなんの会社ですか?」の答えを考えましょう
ワーク2 採用ターゲット向けに自社を一言で言えるようにしましょう

社名や代表名でWeb検索を してみよう

自社がどう見られているかが客観的に理解できる

転職検討者は代表者名・経営者の名前でGoogle検索している

会社の印象は、Web上でどのような情報が表示されているかでも大きく変わります。

応募者の気持ちの変化や動き方をみていると、社名ではもちろん、代表者名・経営者の名前でGoogle検索されていることがよくあります。検索したときに出てくる情報がどんなものか知っておくことが大事です。

かなり古い情報であったり、自分がそう思われたくないイメージの記事やブログなどが表示されたりすると、応募者が不安に思ってしまうこともあります。

● 自社の見られ方を理解するために、エゴサーチしよう

Google、Yahoo! などの検索エンジンで検索	Google Mapで検索
転職口コミサイトで 検索	X（Twitter）、Instagram などのSNSで検索

👤 代表の名前、会社名でエゴサーチする

応募者からどのように思われるかを知るため、社名と社長の名前をエゴサーチしてみてください。エゴサーチすると、会社に関する、どんなブログや記事が出てくるのかが判明します。

またエゴサーチをしてみると、代表が出ていたメディアなどで、内容が古くなっているものが出てきたりもします。応募者からの偏見が出るのを避けるため、現在と異なる記事は削除・修正してもらうか、ブログなどで最新の情報を発信し直すようにしてください。こういう総合的な社外情報のコントロールが効いてくるのです。

👤 X（Twitter）やYouTube内でも検索をしてみる

SNSで自社名を検索するのも定期的にやるといいでしょう。**変な印象の投稿がされてしまっているとか、どんなイメージで見られているんだとか、そういったことがわかります。**ただし、知名度がない場合は、そもそも出てきません。これは普通のことなので安心してください。

筆者が新卒時に入る会社を決める際には、その会社のことをGoogleのほかにX（Twitter）、YouTubeでも検索して調べました。社内イベントの様子がYouTubeで出てきて、「飲み会が激しい会社なんだろうな」などと思ったりしていました（笑）。

最近では、特にX（Twitter）での書き込みが多く、会社と全然関係ない人が全然関係ない話でいきなり社名を出してきたりもします。

ぜひ評判チェックの意味でも、SNSのチェックはしたほうがいいと思います。逆に、「どんな情報が目に触れてほしいか」が決まれば、自らSNSなどで発信をしていくことで、情報を流通させることができます。

👤 口コミサイトの事実ではない誹謗中傷は削除依頼も可能

転職の口コミサイトやGoogleマップの口コミなどにも目を通して

おきましょう。これもどんなことが書かれているのかチェックして
ください。例えば**5年以上前に書かれた悪い口コミが、いまの会社
のイメージを下げてしまうこともあります。**事実とは異なる誹謗中
傷だったら削除依頼できますし、大きく内容が違うようであれば人
事担当者が返信する形でコメントを書くことができる転職口コミサ
イトもあります。すべてのコメントの対策はできませんが、少しで
も評判をコントロールすることはできます。まずは現状を把握する
ことからスタートしましょう。

 ## カスタマージャーニーを考えて募集をする

候補者の立場になって、「転職活動をするならどうするのか?」
を考えてみましょう。これは**「カスタマージャーニー」**と呼ばれる

● カスタマージャーニー採用版の事例

フェーズ	認知	興味	応募	選考	内定承諾
候補者の行動	さまざまな企業を調べている	その会社のことをGoogle検索をする、ホームページを調べる、ブログを読む	その会社のポジションのどこかに応募する	面接を受ける	内定後に意思決定する
タッチポイント	転職サイト、SNS	企業HP、ブログ	転職サイト、求人ページ	面接	オファー面談
候補者の思考	どんな会社があるのかな?	この会社はどんなことをしているのだろう?	どの職種に応募するのがいいだろう、自分でも可能性あるかな?	自分とマッチするだろうか?	自分はこの会社に入っていいのだろうか?
企業がすべき魅力発信	こんな働き方、こんなキャリアがありますよ	具体的にこんなことができますよ	この職種だと、こんなキャリアが積めますよ	こんな部分がマッチしていますよ、こんな部分は気をつけてくださいね	入社したらこんなことができますよ

マーケティング手法のやり方と同じです。

例えば自分が候補者としてGoogle検索したときに何が出てくるか、求人サイトに登録して仕事を探したらどんな求人が出てくるか、サイトの情報を上から読んでいくとどんな内容が伝わるようになっているかをチェックしましょう。

自ら候補者の立場になって検索してみるのは多くの気づきが得られる体験で、Web上で変な見られ方をされるのを避けることができます。候補者に自社の魅力が伝わらなかったり、求職の際に不安になってしまう情報が載っていたりすると、それだけで企業にとっては損失になってしまいます。

どう探したときに自社が出てくるのかを知る

カスタマージャーニーの課題としてよくあるのが、**「自社は社名以外だとどう検索したら出てくるの?」**というものです。

自社を表す言葉が決まっていれば社名以外でも検索で出てくるようになります。例えば、マルゴト株式会社でいえば「フルリモート人事」ですね。**他社と違う際立った特徴をつくることができれば、その特徴で探した場合でも候補者に会社情報に到達してもらうことができます。**

検索ワードは一言でなくても「○○市　営業職　○○事業　女性活躍」などの複数ワード検索でもいいので、なんと検索をすれば自社の求人が出てくるかを考えることで、特徴を明確にする機会になります。

ワーク

ワーク1 社名以外で、なんと検索したら自社が表示されるのかを考えてみましょう

ワーク2 自社の代表の名前を検索し、どんな情報がヒットするか確認しましょう

3-7

会社のムードボードをつくって
非言語的な印象を共有しよう

言葉で言えないイメージを伝えるために

社内外への印象をつくるのは実は言葉だけじゃない

　実際の職場のイメージを伝える際に、言語だけでは限界があります。「親しみやすさが大事」と言葉で言われても、言葉だけではイメージが十分に共有できません。そのため**画像や参考写真などで、イメージを共有すること**もいい方法です。

服、景色、色、物、人のイメージなどの画像を集める

　ブランディングの方法の１つに**「ムードボード」**というものがあります。例えば自分たちの会社の雰囲気と合う写真を集めたものです。具体的には、服、景色、色、物、人のイメージなどを一通り集めたものですね。**ムードボードをつくっておくと「うちの会社はこうです」と言葉で伝えるよりも、印象とか雰囲気を非言語で的確に伝えることができます。**

　ムードボードを用意しておいて、求人広告やホームページの作成会社の担当者にそれを見せておけば、実際に採用ページなどをつくる際に、大きくイメージがずれないのでお勧めです。

　また、NGムードボードもあるといいかと思います。「こういうイメージでは出したくないです」という、自社と一番かけ離れている写真をたくさん集めておくのです。

　このようにしておくと、写真やイラストなどで「こういうイメージですね」と周りが雰囲気をつかんでくれるので、ブランドイメー

ジをコントロールしやすくなります。社内の印象統一や、社外への
ブランドイメージをつくるのは、実は言葉だけではないのです。

● ムードボードの例

● NGムードボードの例

ワーク

ワーク1　自社のイメージを共有するために画像や写真を集
めたムードボードをつくりましょう

ワーク2　自社のイメージに合わない、NGムードボードもつ
くっておきましょう

社名を採用ターゲットに
響くように変えてしまう方法も

社名が与える印象は実は大きい

　これは採用のためだけではないのですが、**社名を変えると周囲からの印象が一変します**。例えば漢字が続くような社名ですと、古い印象があります。20代や新卒を採用しようという場合、社名で「古い」と感じられると、それだけで応募ハードルが上がってしまいます。逆に、**思い切って社名を変えることで、ほしい人材のターゲット層に知られるきっかけにもなる**のです。

　もし社名を変えようとする場合には、ほしいターゲット層になじみのある言葉を社名に入れるといいでしょう。例えば「○○テクノロジー」「○○ロボティクス」などとカタカナを入れるとスタートアップやベンチャーっぽい感じになり、そのような業界を志す人材の目に止まります。なお、アルファベット3文字や4文字を羅列した社名もありますが、一般的には覚えにくいとされています。

　他人から、略称などでどのように呼ばれるのかも想像しながら、名称を考えてみるのもお勧めです。採用したいターゲット層になじみやすい雰囲気が出るように、寄せていきましょう。上場企業でいえば、「Sansan株式会社」も、もともとは「三三株式会社」でした。Sansanという社名にすることで、IT企業らしくスタイリッシュな印象に変わっています。

サービス名と社名を一致させるほうが認知度が上がりやすい

　ほかにも、自社が提供するサービスとは別のイメージを持たれて

しまう社名は、実態に合わせて変えていく方法もあります。

　著者が経営しているマルゴト株式会社は、創業時は株式会社ビーグローバルという社名だったのですが、実は海外関連の事業を一切やっていませんでした（笑）。

　一方で、当時は応募者から「海外で働きたいです！」「英語を使う仕事がしたいです！」「海外展開も考えていますよね？」という問い合わせも来ていました。これが社名による勝手なイメージが生まれてしまうケースです。結果的には「まるごと人事」というサービス名が浸透していたので、マルゴト株式会社という社名に変更しました。

　また、特にベンチャーではよくみられますが、**自社の商品やサービスの名称は知られているけれど、社名が有名ではない場合は、サービス名と社名を一致させるのがお勧めです**。呼び方が一致するので、周りからの認知度も高まりやすくなります。

ロゴでも会社の印象は大幅に変わる

　ロゴも、会社の印象を大きく変える要素の1つです。

　例えば主張が強すぎるロゴを柔らかくするなどして、自分たちが見られたいイメージとロゴを合わせることで、採用活動においてもターゲット人材に来てもらえるきっかけになったりもします。

　著者の会社も、当初は真っ黒で強いロゴだったのですが、女性が働きやすい会社という印象を持ってもらいたかったので、少しグレーにして丸みを帯びた、すべて小文字のロゴに変えました。

　なおロゴを変える際には、社員に途中の段階でアンケートを取って、「どれがいいですか」と聞いて、フィードバックをもらいながら、つくり進めていくのがお勧めです。

　ちなみにアンケートを取る場合は、「どのロゴが好きですか？」という人気投票ではなく、「どのロゴだと嫌ですか？」という不人気投票にしてイメージが悪いものから外していき、残った2～3つの中から経営陣が意思決定をする、というプロセスのほうがいいか

と思います。好きなロゴを選んでもらう形だと主観が出て人によって結果が変わるのですが、嫌いなロゴを選んでもらう形だと全体の傾向がつかみやすいためです。

ロゴも時代とともに変えていくほうがいい

ロゴはずっと昔から使い続けているケースも少なくありません。しかし、時代によってトレンドも変わってきますし、当時は斬新なロゴであっても、いつしか古臭い感じになってしまっていることは少なくありません。時代に合わせて、どんどんロゴを変えてもいいのではないでしょうか。

使い続けている自社のロゴに愛着があるのは、意外と経営者だけだったりします。社外からの見られ方を意識したロゴに変えることで、会社のイメージも、ガラッと変わります。

いまでは、クラウドソーシングのサービスを使えば、ロゴの案をそれほど費用をかけずにたくさん集めることができます。当社のロゴもクラウドソーシングを使って、5万円でつくりました。

● 社名とロゴを変える

Before　　　　　　　　　　　　　　After

BeGlobal ⇨ marugoto

ワーク

ワーク1 自社名からどんな印象を受けるかを考えてみましょう

ワーク2 自社のロゴからどんな印象を受けるかを考えてみましょう

私がやった社長の身だしなみ改善のすべて

　経営者の中でも男性の方は身だしなみ改善について、あまり事例を持っていないかと思うので、自分自身がまずは実験台としてやってみたメンズ美容の体験を書いていきます。

　実際のビフォーアフターは以下のような感じですが、「オンライン面談のときにどちらのほうが印象がいいか？」でいうと、明らかにアフターかなと思います。

Before

After

1：まゆげ専門店でカット

　まゆげ、男性はケアしている人は多くはいませんが、すごく大事です！　まゆげを整えているかどうかで、かなり印象が違うので、まだされていない経営者がいたらプロに整えてもらうことを全力でお勧めします。私は、まゆげの形から相談したいと思い、「眉毛の王様」というお店に行きました。最初に白いペンでまゆげ周辺に線を書かれて、完成図をつくった後に、ブラジリアンワックス的なもので完成図の外側の毛を抜いてくれます。いまも、そこで2〜3カ月に1回ほど、まゆげを整えてもらっています。

２：髪型は高めの美容室で相談

　以前はずっと千円カットで切っていましたが、カット6,000円以上の金額高めの美容室に変えました。美容室は見せたい印象から髪型をつくってくれるのでお勧めです。なお、美容室では、男性であればメンズカットに強い店員や店長、ベテランの方を指名したほうがいいです。

３：ヒゲの永久脱毛

　ヒゲの永久脱毛も受けました。湘南美容外科のヒゲ脱毛に２〜３カ月に１回くらい通って20回ほど受けました。結果として、以前は朝剃っても夜には青ヒゲになっていたのが、ヒゲ剃りなしで爽やかな感じが１日中持続するようになりました。ヒゲの脱毛は、２〜３カ月に１回のペースを続けなければいけないので長い戦いですが、これを終えれば今後数十年のヒゲ剃りがなくなり爽やかでいられると思うと頑張れました。

４：スキンケアの習慣

　私は割と乾燥肌なので、肌がカサカサになりがちでした。ただその対策は何もやっていませんでした。正直に言うと以前は洗顔すらしていなくて、髪を洗った泡でそのまま顔も体も洗ってました（笑）。肌にツヤがあると印象が大きく違ってくることを知り、やっとまともに洗顔を始めました。

　泡をネットでつくるのが手間なので、ワンプッシュで泡がいきなり出るタイプの洗顔剤を使っています。洗顔して水で流してからは、化粧水、乳液をつけてスキンケアは完了です。乳液をつけずに化粧水だけつけるのは明らかに効果半減なので、セットで使いましょう。化粧水や乳液も、少し高めの男性用のものを使うのがお勧めです。

５：ホクロ、シミ取り

　美容外科で、首と顔にあったホクロとシミを取り除きました。化粧

品でどうにかしてホクロやシミを薄くして消そうとするよりは、一撃
で取ったほうがラクです。

6：歯のホワイトニング

　歯のホワイトニングは、自分で作業するセルフホワイトニングを行
いました。１回4000円くらいで３回ほどやりましたが、オンライン
ミーティングでもわかるくらい白くなりました。

7：服装はスタイリストに依頼

　服装に関しても「ほしい服がない、思いつかない」というくらい疎
かったです。自分で考えるのには限界がありそうだったので、パーソ
ナルスタイリストの方を見つけて、クローゼット整理と買い物同行を
お願いしました。いらない服を断捨離し、いま持っている服を覚えて
もらってから、さらに追加すべきアイテムを買い物で探しに行くプラ
ンです。15万円ほどの服を１日で購入する、という勇気が必要な体
験でしたが、ファッションのレベルが一気に上がった印象的な１日で
した。

8：ICLでメガネ卒業

　中学生の頃からかけ続けている眼鏡をやめてみようと思いました。
コンタクトレンズも持っていたのですが、面倒くさくて普段は全くつ
けていませんでした。どうしようかと思い調べた結果、インプラント・
コンタクト・レンズ（略してICL）というものを発見しました。ずっ
と視力をよくするために、目の中にコンタクトレンズを入れるという
手術です。

　55万円くらいする高額な手術でしたが、エイヤッと申し込みました。
結果として、手術前の視力が0.05くらいだったのが、両目ともに1.5
になりました。

9：筋トレ習慣

　近所に24時間ジムがあるので、そこに通っています。週２回くらいは行っています。最初は機材の使い方もまったくわからなかったので、何回かパーソナルトレーナーに依頼して、自分の鍛えたいメニューと機材の使い方を教えてもらいました。２年くらいかけ、体重55キロのやせ形から、９キロ増えて64キロになりました。見た目で「やせてる？」と言われることはゼロになりました。

　以上、私自身が取り組んだ社長の身だしなみ改善について紹介しました。見た目を改善することで人前で話すときの自信アップにもつながりましたので、興味のある方は参考にしてみてください。社長の見た目の改善は、企業のイメージアップにもつながります！

第4章

採用のターゲットづくりを
始めよう

～自社にとっての「いい人材」とは？～

自社にとっての「いい人材」を明らかにしよう

「必須条件」と「歓迎条件」に分けて考える

 ## 「いい人」の基準は企業によって違う

　中途採用を本格的に取り組んでこなかった企業の方と話す際に、筆者が「どんな人を採用したいですか？」と聞くと、「とにかくいい人がほしい」と言われることがよくあります。

　しかし、漠然と「いい人がほしい」と考えても、どんな人をどうやって集めればいいかが決められなければ、幅広く応募を募ることになり、無駄なコストがかかってしまいます。

　ほかにも難しいパターンとして、定性的な条件しか出てこないケースがあります。ほしい人材について「地頭が良くて、自分から動けて、モチベーション高くて、コミュニケーション力もあって、当社のミッションにも共感している人」などと言われるパターンです。**定量的に測ることができない曖昧な基準を多数書いてしまうことで、応募ハードルが上がってしまい応募数が増えなくなってしまいます。**

　また、求める人材の条件が曖昧だと一次面接、二次面接、最終面接の各段階で採用基準がずれてしまい、どんなに有能な人が来ても、誰かがフィーリングで落としている状態になってしまうこともあります。存在しない、架空の完璧な人材を探す時間が続いてしまうのはもったいないことです。

 ## 「いい人材」を条件と人物像に分けて考える

「いい人材」はどのような人なのかは、社内で分解して考えていくと答えが見つかりやすくなります。例えば、次のような形です。

・無形商材の法人営業経験が５年以上あり、成果を出してきた人
・〇〇業界で勤務経験がある方（例えばA社、B社、C社など）
・24〜35歳くらい
・コミュニケーション能力が高い人
・最終面接官がミッションとビジョンを語った際、そこに共感を
　してくれる方

　ただし、分解して考えた要素すべてを募集条件として求人票に書くと、あまりにもターゲットが狭くなってしまうので、**最低限「面接してみてもいい条件」まで広げる**のがコツです。

　さらに、**面接でしかわからない「コミュニケーション能力が高い」「当社のミッション・ビジョンに共感していること」などの定性的な要件は、応募を集めることが目的である求人票や募集文からは外したほうがいいでしょう。** これらを外すだけで応募ハードルが下がるので人を集めやすくなります。人物像の部分は面接でみるので、募集文には書かなくてOKです。

　このような要件を満たした応募条件は下のようなものになります。「**必須条件（MUST条件）**」は書類選考の基準で、「**歓迎条件（WANT条件）**」はぜひ面談したいと思うような人の基準となります。なお、必須条件、歓迎条件については、7−1（180ページ）でも詳しく解説します。

必須条件
・無形商材の法人営業経験が２年以上ある方

歓迎条件
・〇〇業界または△△業界での勤務経験がある方
・無形商材の法人営業経験が５年以上ある方

👤 人材像が不明な場合は社内で活躍している人から推測する

　ちなみに、いい人材の条件がそもそもわからない場合は、社内ですでに活躍している人、成果を出している人をリストアップし、その人たちの経歴や特徴を分析してみるといいでしょう。何か共通点がみえてきたら、それらが「いい人」を言語化するヒントになります（なお、人材を集める募集文の書き方については、第7章で詳しく解説をします）。

● いい人材って誰？

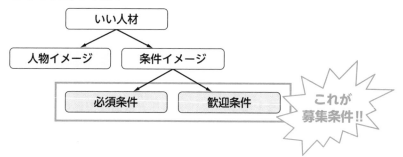

> **ワーク1** 自社にとっての「いい人材」の要素を5つ以上、箇条書きで書いてみましょう
> **ワーク2** 必須条件と歓迎条件に分けて、応募条件を書いてみましょう

4-2

「採用したい人」の解像度を高める調査をしよう

ターゲットの潜在的な転職ニーズを探ってみる

来てほしい人は普段どんな生活でどんな情報をみているか?

候補者の解像度を高めるために、たくさん話を聞きましょう。一番話を聞きやすいのは、つい先日まで応募者の立場だった入社したての新入社員や、入社歴の浅い社員です。**採用したい人がどんな人か詳細に理解していればいるほど、その人に対しての広告メッセージや面談での会話が刺さるようになります。**

自社に来てほしい人材は、普段どんなことを調べていて、どんなことに興味関心があって、どんな仕事を選択肢として考えていて、現在の年収はいくらぐらいで、生活にどのぐらいお金かかっていて、何時に帰宅できていて、休日はどんなことに時間を使っていて、趣味でどんなことに興味を持っているのでしょうか?

このようなことを個別事例としてたくさん知っていると、そのターゲットを対象にした求人戦略がつくりやすくなります。

また、例えばNewspicksを読んでいるのか、日経新聞を読んでいるのか、YouTube、X(Twitter)、Facebook、TikTok等のSNSではどのようなものをチェックしているのかなど、**ターゲット候補となる人の個別データを複数知っておくことで、傾向がつかめ、対策が打てるようになります。**

潜在的な感情が転職ニーズにつながる

仕事のことだけではなく、採用したい人がどんな生活を送っているかを知ることも大事です。**候補者の顕在的なニーズの解決よりも、**

● 転職理由にも、顕在ニーズと潜在ニーズがある

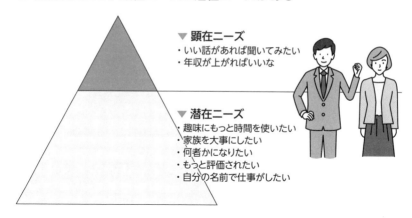

▼ 顕在ニーズ
・いい話があれば聞いてみたい
・年収が上がればいいな

▼ 潜在ニーズ
・趣味にもっと時間を使いたい
・家族を大事にしたい
・何者かになりたい
・もっと評価されたい
・自分の名前で仕事がしたい

表面に出てきていないキャリアの悩みなどに関する潜在的なニーズ
を解決できるほうが、採用につながりやすいからです。

　例えば、筆者がいままで聞いたことのある潜在的な転職ニーズ（現
状への悩み）を書き出してみます。

・上司から評価されない
・自分は優秀だと思っているのに、ほかの同僚や働いてない上司
　と比べて高くない評価しかされない
・何者かになりたいけど何にもなれていないという不安
・自分は結局誰の役に立っているかわからない
・ビジネスのプロになろうと思って入社したけどほかの人のこと
　を手伝ってばかり
・なんのスキルが身についているのかわからない
・男性か女性かでキャリアアップに関して差があると感じている
・上司の働き方をみていると、自分がこうなるのは嫌だなと思っ
　ている
・自分のいる会社の事業がどう考えてもうまくいきそうにない
・この社長についてくと変なトラブルに巻き込まれるんじゃない

かと思う

・業界の構造的に土日が休みにならないことが結婚するうえでネックとなっている

このような深い感情面の中にこそ、潜在層の転職ニーズが隠れているのです。

面接をする中で、採用ターゲットについても詳しくなっていく

ほしい人物像に詳しくなるには、たくさん面接していき、個別の転職理由や状況を聞いていくことや、新入社員や身近な知り合いの実際の心境をじっくり聞くことが重要です。こうして**「人に詳しくなる」**ことが、**遠回りに見えて採用力アップにつながる方法です。**面接やカジュアル面談をするなかで、企業側も逆にターゲット層の人たちの転職ニーズに詳しくなっていきます。人の潜在的なキャリアニーズを理解することから始めましょう。

ワーク

ワーク1 採用ターゲットに近そうな社員などから普段の生活の仕方を聞いてみましょう

ワーク2 ターゲットの潜在的な転職ニーズを探ってみましょう

4-3

趣味と家庭まで考え、候補者の悩みを理解しよう

ペルソナを立てて、仕事以外の価値観も探ってみよう

ペルソナを立て、候補者に会いに行く

「ペルソナ」とは、特定できる1人のことです。例えば「○○という会社に勤めて10年が経つ。○○市に住んでいて、妻と1歳の子供がいる34歳の男性」のような特定の人のイメージを指します。

候補者理解において、一番早いのはペルソナを立てて、近そうな生活をしている人を調べ、実際に会いに行くことです。その人の思考とか趣味とか家族構成を知ることで理解を深めていきます。

ライフイベントも大事な要素です。結婚、子育て、介護、家族と話していることから、何に困っているのか、何を知りたがっているのかというところまで含めて知っておくといいでしょう。親や子供、パートナーの情報や考え方の理解も大事です。それにより、求人広告で刺さる文章が書けます。

候補者が"仕事以外"で大事にしていることを理解しておく

趣味に関しても、例えば「エンジニアだったらボードゲームやオンラインゲームが好きな傾向があるかも」といったことが、実際に会ってみるとわかってきます。

このような傾向をつかんでおくと、例えばですが「筋トレ好きが働きやすい介護施設」「子育てと両立できる美容師の働き方」「海のそばに暮らしながらできるデザイナーの仕事」などとPRして人材を募集するようなアイデアも浮かんできます。

つまり、**「趣味や自分の好きなことも大事にできる職場」**という

のは、**求職者にとって大きなメリットになるのです**。特に現在は、家庭を大事にできるか、自分の好きなエリアに住めるかといったことも、仕事を選ぶ際の大きな要素となってきています。

このように、給与以外のことをメリットとして提示することで、採用がうまくいっている企業も多いのです。

 ペルソナから見えた悩みや課題に対して解決策を提示する

ペルソナを深く理解するところまで解像度を持っていくと理解が進み、採用募集の文章においても、深いメッセージが書けます。

ペルソナはターゲットの深い悩みを見つけるために立てるものです。求人広告や求人票を書くときには、その人が読んで刺さるのかを検証するためにペルソナが役立ちます。

ただし実際の求人広告や求人票の文面は、「34歳で子育て中のあなたへ」などペルソナを絞り込んだ形では書かないようにします。求人広告や求人票の文面はある程度、幅広いターゲット層に向けて書くものです。それが良いものかどうかを検証するときに、ペルソナを想定しながらチェックすることになります。

ワーク

> **ワーク1** 職種ごとにペルソナを立ててみましょう
> **ワーク2** ペルソナが仕事と、仕事以外で大事にしていることを、どちらも考えてみましょう

4-4

ターゲットとペルソナを
使い分けよう

ペルソナは複数あってもいい

ターゲットとは何か？

　**ターゲットとは、採用したい、面接したいと思える対象の範囲の
こと**です。例えば、首都圏エリアの1都3県に住んでいる人とか、
25〜30歳までとか、そのような計測可能なものをターゲットと呼び
ます。ターゲットを設定すると、こういう層がチェックしている求
人媒体、SNS、Webサイト、チラシ、雑誌、新聞などを推測できま
す。そのターゲット層の方々がどうやって情報を得ているのか、ど
んな人のどんな発言に影響を受けているか、などを考えれば、求人
広告やスカウトメールを効果的に出す方法が見つかりやすくなりま
す。

ターゲットとペルソナの違い

　ターゲットはペルソナとは異なるため、悩み、趣味、家庭のこと
までは細かく考えなくて大丈夫です。一方で、ターゲットへの理解
は、ペルソナをつくることでも進みます。

　ターゲットは"層"なので意外と幅広いものです。「20〜30代」
という表記をよく見かけますが、20歳と39歳の人だと生活も大切に
していることも全然違いますよね。ペルソナを立てることで、例え
ばターゲットの中でも「数年の経験と、若手の勢いをあわせ持った
20代後半の人が今のこの会社には必要だな」と理解が深まり、漠然
とした「20〜30代」ではなく、「25〜30歳の社会人3〜7年目の人が
メインターゲット」と狙いを定めて打ち手を打つことができます。

● ターゲットとペルソナの違い

ターゲットは
年齢層、職業、業界などの
条件を区切ったときの母集団。
これによりアプローチする対象を
絞り込むことができる。

ペルソナは
具体的な1人のことを指す。
年齢、具体的な職業、企業名、
家族構成、暮らしの様子なども想定。
これにより深い悩みや課題を見つける。

	ターゲット	ペルソナ
要するに何？	年齢・地域・業種などの特定の属性や条件によって分類された集団の中で、自社で採用したいと思う集団	課題を深く理解するための、特定できる個人（仮想の人物像でも可）
例えば？	・1都3県在住 ・30〜39歳 ・男性 ・人に興味があり、人材紹介会社や人事など人に関わる仕事をしている ・パソコンで入力作業や資料作成ができる	・○○県○○市○○区在住 ・35歳男性 ・大手人材紹介会社勤務 ・法人営業職 ・課長 ・夫婦と4歳&1歳の男の子の4人暮らし ・休日は家族で外出することが多い

　なお、ターゲット層の中であれば、ペルソナは複数パターンあってもOKです。**転職動機や企業に感じる魅力は人それぞれなので、むしろペルソナは複数立てるほうが望ましい**です。例えば、同じ営業職でも、20代後半で勢いのある人物のペルソナもあれば、30代後半で経験やネットワークが豊富な人物のペルソナもいるでしょう。

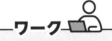

（ワーク1）**ターゲットが明確になっているかを、見直してみましょう**
（ワーク2）**ペルソナを立てて見えた課題を、ターゲットの理解度を高めるために生かしましょう**

4-5

業務の切り分けをすると
グッと採用しやすくなる

スーパーマンを求めると採用のハードルは高くなってしまう

なんでもできるスーパーマンを探そうとしない

採用の際は、複数の仕事をこなせるスーパーマンを求めてしまいがちです。

しかし、**そんなスーパーマンを1人探すより、それぞれの能力を持っている人を2人探すほうが、採用はぐっと簡単になります。**

例えば「マーケティングもできてデザインもできる人」「営業もできてプロジェクトマネジメントできる人」というのを求めると、ものすごく採用難易度が高くなります。

このような場合は、例えば1人の「マーケティングがわかるデザイナー」を探すのではなく、マーケターとデザイナーを各1人ずつ募集するほうが採用しやすくなり、かつスカウトでも見つけやすくなります。

求めるスキルについての考えを整理しておく

スキルに関してもう1つあるのが、そのポジションに必要なスキルについて**「入社前に必要なスキル」**と**「入社後に身につけてもらえばいいスキル」**を分けておくことです。こうすると採用がしやすくなります。

例えばパーソナルトレーニングジムでトレーナー採用時に「筋トレもできて、筋肉があって、コミュニケーション能力が高くて、見た目がいい人」と4つの条件を設定したときに、すべてに当てはまる人を見つけるのは至難の技です。

この場合、コミュニケーション能力が高くて見た目がいい人を採用して、入社後に筋トレの方法を覚えてもらって筋肉をつけさせれば、活躍する人材になるわけです。このように考えることで、採用のハードルはグッと下がります。

　また、最初に求めるスキルが高くなければ、入社時に提示する年収額も下げることができるので、人件費も下がります。その分、教育や研修等のコストがかかりますが、そこも含めての人材戦略となります。

　いま転職市場にいる人の中から、組織として必要なスキルを持つ人材をどう手に入れるか、ただスーパーマンが現れるのを待つだけでなく考えてみましょう。このように対応したほうが、採用活動の結果も早く出て、再現性がある強い組織になります。

● 業務の切り分けをして人材を募集する

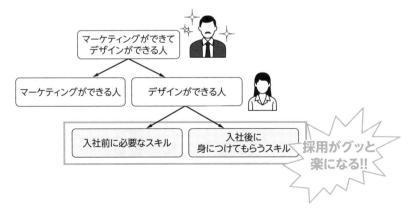

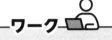

> **ワーク1** 採用が難航しているポストを、試しに2人分の求人票に分けてみましょう
> **ワーク2** さらに、入社前に必要なスキルと、入社後に身につけてもらうスキルに分けてみましょう

4-6

「当社っぽい人」のイメージを言語化してみる

はっきりと説明するのは実はなかなか難しい

👤 いくつかの要素に分けて、○○っぽい人を言語化する

採用したい人のイメージを確認した際に、会社側の採用担当者から、「当社っぽい人」と言われることがあります。実は、この**「当社っぽい人」を言語するのはなかなか難しい**ことです。

採用はチーム戦です。社内の人たちの協力はもちろん、人材紹介会社や採用代行会社の担当者、場合によっては知り合いや友人から協力してもらえることもあります。そのような人たちと採用したい人の人物像を共有できるように、「当社っぽい人」をいくつかの要素に分けて、言語化をしてみましょう。例えば、コミュニケーショ

● 「当社っぽい人」はどんな人?

▼活躍している社員
・明るい
・自分から動ける
・調べて考えるのが得意
・リーダータイプ
・○○業界に思い入れがある

▼新入社員で評価が高い社員
・挨拶が元気にできる
・スポーツを頑張ってきた
・自分で調べられる
・○○業界の資格取得に取り組んでいる

▼不合格にした人
・指示を待つことが多い
・声が小さい
・パソコンが苦手
・他の業界も受けている

「明るい」「自分で調べられる」
「挨拶ができる」「○○業界への想いが強い」
という人が当社っぽい人材の共通認識に。

114

ンのとり方、仕事へのモチベーションの種類、チームワーク型か個人プレイ型かなどが、よく聞く要素の分け方です。

経営陣の直感は意外と正しい

　経営陣が面接官になる最終面接では、感覚や直感で決めている企業も多くあります。私も、このような経営陣による面接に関して、「少しでも違和感があったら採用しないほうがいい」と伝えています。違和感の中にこそ、会社の社風に合わないなど、本質的な部分が隠れているからです。例えば「なんか上から目線だな」「ちょっと辻褄が合わないな」「本心が全く読めないな」といった違和感です。**面接の1時間で1分間の違和感があれば、8時間働くと8分間の違和感を感じる社員になります。** さらに1カ月分の20日間働くと、160分間もの違和感になり「やっぱりなんか違うな！」となってしまうのです。

「悪くない」と「良い」の違いは大きい

　私が以前働いていた会社では「悪くないと思った人は採用しない、良いと思った人だけを採用する」と人事責任者が言っていました。

　「悪くない」というのは、落とす理由はないのだけど採用する理由も見つからないという場合に出てくる言葉です。一方で、採用する理由が明確なときには「良いと思う」と自然に出てきますよね。

　ぜひ「良い！」と思った人を採用できるように、「良い！」と思えそうな人が集まる採用活動を目指していきましょう。

> **ワーク1** 「自社っぽい人」を要素に分けて、箇条書きで書いてみましょう
>
> **ワーク2** 「悪くない」ではなく「良い」人を集める方法を考えましょう

4-7

ターゲットづくりに関する失敗事例

こだわりすぎるとうまくいかないことも

よくある失敗 ▶ 他社の募集条件をなんとなく流用してしまう

他社が募集している条件をそのまま使って募集する企業があります。例えば、「25〜34歳で地頭力が高くやる気がある人」という条件が人気の層に該当することから、なんとなくその条件で募集をかけてしまうことがあります。

しかし、これでは23歳や35歳、36歳の人々が対象外となります。明確にそうしたいならともかく、**あまり考えずに他社の真似をしていては、優秀な人材を取りこぼしてしまいかねません。**

よくある失敗 ▶ 学歴にこだわりすぎる

企業の中には、学歴にこだわって採用条件を設定するケースもあります。

確かに、一定の学歴があることでプラスに働く場合があります。例えば、「東京大学や京都大学出身」という経歴は魅力的に映ります。しかし、学歴だけでは必ずしも業務に必要な能力があるかはわかりません。受験勉強に必要な能力と、あなたの会社の業務に必要な能力は違うはずです。**いたずらに学歴にこだわると、結果として、対象者を無駄に狭めてしまうケースが多いです。**

よくある失敗 ▶ 理想が高すぎる条件を設定してしまう

採用で求める条件が理想的すぎると、現実的に採用できる人がいなくなってしまいます。「営業もできてマーケティングもできて、

116

マネジメント経験もある人」のような高い要求は現実的ではありません。

また、「Googleに勤めているエンジニアがほしい」と言っても、その人がなぜあなたの会社に転職するのか理由が明確でなければ意味がありません。**理想が高すぎると、採用可能性が低い人を追い求めることになり、採用費がかかり続けることになってしまいます。**

まずは客観性を持って自社の状況を把握し、理想的な条件を持つ候補者がいた場合に、自社がそれに見合った魅力があるのか確認しましょう。

また、はじめに理想を高く設定してから、徐々に条件を緩和していく方法も試してみることができます。採用がうまくいくかどうかは、条件の修正・調整ができるかどうかで大きく変わります。

よくある失敗 ▶ 年上の部下を採用することを避けようとする

一部の企業には、マネージャーより年齢が高い部下を採用することを避ける風潮がありますが、これは根拠のない思い込みです。**年齢は実際に行っている業務の遂行能力には関係ないことも多いため、参考程度に考慮するだけで十分です。**

マネージャー職は営業や管理部、エンジニアなどさまざまな分野で求められますが、マネージャーのスキルが高ければ、年齢が高い部下も問題なくマネジメントできます。

むしろ、マネジメントは年齢関係なくうまくやることが重要で、多様性のあるチームをうまくコントロールする力が求められます。

年齢が高い部下をうまくマネジメントできないというのは、マネージャー自身のスキルが低いことを示しています。

特に若い会社や新卒社員が多い会社では、このような思い込みが根強く、年齢が高い社員を採用することに躊躇し、悪影響を与えることがあります。しかし、能力の高いマネージャーは、年齢が上の部下もマネジメントできるので、そのような思い込みを捨てることが重要です。

年齢にとらわれず、個々のスキルや能力を重視して採用を行いましょう。**マネージャーには年齢を問わず、部下をマネジメントする能力が求められます。そのため、年齢が高い部下を避けるような思い込みは捨て、適切な人材採用に努めることが大切です。**

よくある失敗　ミッション・ビジョンへの共感を採用要件に含める

　求人票の採用要件に「当社のミッション・ビジョンに強く共感してくれる方」と記載している企業がありますが、このような記述は避けるべきです。なぜなら、**求人票だけでは、応募者にミッション・ビジョンへの共感を期待することは困難**だからです。むしろ、面談・面接の段階で、ミッションやビジョンの背景にあるストーリーや想い、感情などをきちんと伝え、納得してもらう必要があります。

　文章だけでミッション・ビジョンへの理解と共感を求めることは、相当高いレベルの意識が必要です。そのため、採用要件に含めるのではなく、面談の場で確認するべきです。自社の想いを伝えた後、応募者が共感しているかどうかの反応をみることが重要です。

第 5 章

自社の魅力をPRする
採用広報の極意

～求職者に向けて職場の情報を自ら発信せよ！～

5-1

一般的な広報と採用広報の違い

採用広報とは「職場認知」を目的とした広報のこと

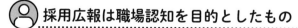 **採用広報は職場認知を目的としたもの**

一般的な広報と、採用広報はどのように違うのでしょうか?
まず大前提として、

- **一般的な広報活動は「会社認知」**
- **採用広報活動は「職場認知」**

という目的の違いがあります。

会社認知とは、その企業の社名やサービスを知ってもらうことです。一方で**職場認知とは、「どんな職場なのか」「どんな仕事内容なのか」を知ってもらうことです**。採用広報は、ここ数年で注目度が一気に上がってきた広報の考え方です。

例えば有名ブランドバッグの会社の名前は広く知られていたとしても、「働く場所としてどんな雰囲気かわからない」という場合は、広報はできているけれど採用広報はできていない状態です。

逆に、ある保険会社の保険商品を買ったことがなくても、「成果報酬で体育会系の会社でやりがいがありそうな職場だよね」などと認知されている場合は、職場認知があるので採用広報はできています。

会社で働いたり応募したりしたことがないのに、職場について知られている場合は、採用広報としてPRできていることになります。
「忙しいけどすごく稼げるらしい」「高学歴の人が多い」「福利厚生

● 広報は会社認知、採用広報は職場認知

広報　　＝ 会社やサービスの認知

採用広報 ＝ 職場の認知

が充実しているらしい」「若い人でも活躍できる」など、どのような職場なのかが求職者から理解されている場合は、採用広報については成功していることになります。

「自社がどんなイメージを持ってもらいたいのか」から考える

　採用広報の担当者は、自分たちがどんなイメージを持ってもらいたいのかという視点から考える必要があります。

　「当社はこんな職場ですよ」「こんな人が働いています」「こんな雰囲気です」「こんな立地のこんなオフィスで働いていますよ」「1日の過ごし方はこんな感じです」「社長はこう考えて動いています」などといったことを、自社の職場を知ってもらう目線から情報発信してみてください。

　採用広報がないと、全体的に採用が大変になり、例えば、次のような状態になってしまいます。

・「あの会社は営業会社でしょ？」と思われていて、エンジニア職から応募が来ない
・「すごい歴史ある会社だよね」と思われていて、若手や新卒もたくさん活躍している会社だと思われていない
・BtoB企業でシェアや会社規模が大きいのに「そんな会社、聞いたことないな」と思われていて、転職希望者から認知されていない

このような印象を、自社からの意図的な情報発信によって変えていくのです。

👤 採用広報の効果が出るには、時間がかかる

採用広報を適切に行えば「有効応募が増える」「スカウトの返信率が高まる」「面接の質が上がる」「内定承諾率が高まる」など、さまざまな効果が狙えます。

ただ、採用広報に期待しすぎるのは要注意です。あくまで正しい職場認知を長期的につくるためのもので、ストレートにすぐに結果が出るものではないからです。

・短期では結果は見えない。長期目線の施策を
・応募の量は増えない。応募の質を良くする目的を
・記事は勝手に読まれない。届けるための行動が必要
・記事は毎日更新するのではなく、クオリティの高いものを

上記のようなことを理解したうえで、じっくりと取り組むのが採用広報を成功されるポイントです。

ワーク

ワーク1 求職者の方に、どんな職場だと思ってほしいのか考えましょう
ワーク2 採用広報の効果がどう出るのかをイメージしましょう

5-2

職場のイメージを変えるには採用広報しかない

求人情報だけでは理解されない職場の姿を伝える

「いまの職場イメージ」と「実際の職場」のズレを埋める

　求職者からの職場のイメージを変えるには、採用広報しかありません。確かに求人情報だけで必要な情報は伝えられます。しかし、「どんな会社の雰囲気か」「エンジニアもいるのか」「営業はどんな人たちなのか」「スーツなのか、私服OKなのか」「新卒しかいないのでは」「年齢高い人が多いのではないか」——このように浮かんでくる会社のイメージや疑問に対し、正しく答えを知ってもらうのは、採用広報しかありません。

　いま自社がどんなイメージだと思われているかを、採用の面接の場や社外の知り合いと話す機会などを利用して、印象を素直に聞いてみましょう。そのうえで、**実態を踏まえてこんなイメージにしたいと、情報発信の方針を決めていきます。**

理想ではなく、まずは素直に実態に合わせるほうがいい

　会社の実態と合わせて広報活動を行うほうが、入社後のミスマッチは防げます。例えば「イエスマンはいらない、主体性がある人募集！」と書いていても、実際に社長のトップダウンが強く、主体的な人は活躍しにくい実情になっているなら、たとえ優秀な人が採用できても、入社後に活躍できません。理想的な見え方がどうかを追求するのではなく、実態に合わせた採用広報活動をするほうがいいでしょう。

　採用に関しては、キャッチコピーだけが先行して、変わった見せ

方をすればいいというわけではないのです。「変人採用！　革命しよう！」と打ち出したにもかかわらず、実際には真面目な人が多い職場、という状況であれば、お互いに良くないマッチングになってしまいます。

実態が悪いなら、まずは職場を良くする改善を

　もしも職場の実態が理想とするものとかけ離れている場合は、まずは見せ方ではなく実態そのものを良くするように、組織として努めていくことが採用広報活動とセットになります。

　結局は中身が大事です。採用も入社してもらうことがゴールではなく、入社後に活躍してもらうことがゴールです。良い職場ができていれば、その様子をありのままに発信するだけでいいのです。

ワーク

　ワーク1　職場のいまのイメージを周りの人に聞いてみましょう
　ワーク2　職場のイメージが実態どおりに伝わるような情報発信をしていきましょう

採用広報のステップ

記事で自社がどんな職場なのかを伝えよう

ステップを踏んで広報活動をする

採用広報には次の5つのステップがあります。

❶読者となるターゲットを決める
❷どんな職場として認知してもらいたいか決める
❸読んでもらうタイミングを想定する
❹狙いたい目的に応じたコンテンツを企画する
❺取材し、編集し、ターゲットに届ける

　実際には❶と❷は、第4章の「採用のターゲットづくり」と同じ内容になります。ここでは採用広報に特化して紹介するため、❸〜❺のステップを中心に解説します。

● 採用広報の5ステップ

①読者となるターゲットを決める	②どんな職場と認知されたいか決める	③読んでもらうタイミングを想定する	④狙う目的に応じたコンテンツを企画する	⑤取材し、編集し、ターゲットに届ける

　それぞれの段階についてみていきましょう。

❶読者となるターゲットを決める

　自社に入ってほしい人材のタイプをターゲットとして定めます。具体的な手法は、第4章を参照してください。

❷どんな職場として認知してもらいたいかを決める

　採用ターゲットの中からペルソナを定めて、自社がどのような職場であると思われたいか、どんな課題に対して役に立てるのか採用広報の方針を立てます。こちらも具体的な手法は、第4章を参照してください。

❸読んでもらうタイミングを想定する

　採用広報の効果は、主に下記のタイミングで、発揮します。

　①エントリー前　②面接前　③内定承諾前

　それぞれについて、記事を通じて採用広報をしていく際のポイントを解説します。

▶①エントリー前

　「こういう人には合わない」「こういう人には合う」と伝える。写真からイメージが伝わることも多いので、注意して載せるようにしましょう。感情、想い、人柄、考え、社風のような伝えにくい部分を書きましょう。

　例）「人事歴14年の私がフルリモート人事になった理由」など

▶②面接前

　面接前に、応募者が自社に適しているかセルフスクリーニングできる情報、および面接時の質問を深くしてもらうための記事です。よく聞かれる質問を先に答えるような内容になります。

例）「営業マネージャーに聞いたITサービスを使ったコンサル方法とは？」

「人事責任者が面接でよくある質問20個に回答します！」

▶③内定承諾前

入社後のミスマッチを防ぐための記事です。例えば、「新規事業がたくさん立ち上がっていて、ある意味カオス状態ですが、やりがいはあります」「OJTがメインで研修は最初の1週間だけです」「繁忙期は納期が重なるので忙しいです」と言い切るなどです。

例）「代表が考える3年後のビジョンとつくりたい会社像」

「社員に聞いた入社して良かったこと30選」

❹狙いたい目的に応じたコンテンツを企画する

まずは採用における現状と理想を比較します。その差について、採用広報記事を通じて埋めることを目的として設定します。以下のような視点で考えていくのがポイントです。

①現状　②理想　③読者イメージ　④伝えたい内容

例えば、下記はマルゴト株式会社が自社で採用広報を行った際の目的です。

▶①現状

リモートワークなので時短、スキマ時間勤務、専業主婦・育休中の方の応募が多く、自社がほしい人材とマッチしない。

▶②理想

採用を極めたい人事の経験者に応募してほしい。

127

▶③読者イメージ

　事業会社の人事職（大企業orベンチャー）、25～40歳くらい、バリバリと働きたい人。

▶④伝えたい内容

　バリバリと働いて、人事として採用経験を、フルリモートワークで極められる。

目的：読む前は「リモートで未経験でもゆるく働けるのかな」
　　　→読んだ後は「リモートで人事経験を生かしてバリバリと働けそう」となってもらいたい。

❺取材し、編集し、ターゲットに届ける

　あとはインタビュー対象者である社長や社員に取材をして編集して公開する流れです。具体的には、以下のようになります。

▶取材する前の事前準備

　採用広報の記事をつくるために、社長や社員に取材する場合は、質問項目を10項目以上は用意して、事前に共有しておくことが大事です。例えば下記のような内容です。

　——まずは自己紹介をお願いします。

　——なぜ○○サービスをつくろうと思ったのですか？

　——現状の○○はどんな状況にいるのでしょうか？

　——競合する企業やサービスはありますか？

　——なぜ○○ができたのでしょうか？

　——○○となる転機があったのでしょうか？

　——今後の事業展開や方向性は？

　——展開していくにあたっての課題はなんでしょうか？

　——働くうえで○○社ならではの特徴や面白さがあれば教えてください。

——最後に○○社に興味を持ってくれた方にメッセージをお願いします。

ちなみにインタビューの質問は、AIツールであるChatGPTで「採用のための社長インタビューで使える質問をつくってください」などとリクエストをすれば、10個でも100個でも出てきます。その中から使えそうな質問を選ぶのもいいでしょう。

▶最後は編集！
編集では下記のスタンスが大事です。

・個別化しすぎず、ターゲットに共感してもらえる内容にする
・目的に応じて、伝える内容を絞っていく
・読みやすくするため、伝える順番はどんどん入れ替える

このようなスタンスがないと、「社員インタビューがニッチすぎる」「記事に目的がなく、書き起こしをしただけ」「記事の更新数を増やしてばかりで、候補者が読むべき記事がわからない」といった感想を持たれてしまいかねません。1記事1記事、頑張って編集していきましょう。

社員インタビューの良い例、悪い例

社員インタビューの悪い例としては下記のようなものです。

× 高校中退しダンスで日本選手権を目指した後に世界一周をした自分が、マーケターとして入社した理由
→経験がニッチすぎて共感してもらえる人が少ない

× 今日食べたランチをご紹介！ 美味しい和食！
→あまりにも採用や仕事内容に関係がない

逆に良い事例はこのようなものです。

○　新卒で入った大手企業で働いた後、「20代で挑戦したい」と創
　　業間もないITベンチャーに飛び込んだ理由
　→「新卒で大手企業に入社」した人が読者対象になり、同じ境遇
　　の人の共感を生みやすい。

　入社してほしい人材に「この会社で働いてみたい」と思ってもら
えるような記事づくりを目指しましょう。

ワーク

ワーク1 採用広報の基本ステップを理解して記事をつくっ
てみましょう
ワーク2 採用広報用の記事がターゲットに向けた適切な内
容になっているか、確認しましょう

選考フェーズでどんな情報を
出すかを考える

各段階でチェックしてほしい情報を届ける

 選考フェーズの各段階で候補者にみてほしい情報は異なる

　採用活動における選考フェーズでの、候補者にしてもらう行動ステップには、次のようなものがあります。

- ・会社の求人広告をみてもらう
- ・クリックしてもらう
- ・募集文をみてもらう
- ・応募ボタンを押してもらう
- ・面接日の日程調整をする
- ・一次面接を受けてもらう
- ・二次面接を受けてもらう
- ・最終面接を受けてもらう
- ・内定を承諾してもらう

　それぞれのフェーズにおいて「企業側からどんな情報を出したらいいのか」を考えながら情報設計をしていきます。これも採用広報の一環です。そのときどきの段階で出すべき情報は違ってきます。

　最初は「こんな企業あったんだ」とか「この仕事はなんか面白そう」という、インパクトや惹きつけが大事です。自社に入るメリットや安心材料となることを書いておくことになります。**職場についての良いイメージが湧くことがゴールです。**

候補者は面接の直前に企業情報を調べ直す

　一次面接の前に応募者は「どんなことを話そうかな」「どんな質問をしようかな」と考えます。企業情報を前日や、場合によっては当日の面接直前に調べ直す人も多いです。

　それらを想定して、自社の会社ホームページやブログなどで、直前に読んでもらえるコンテンツを用意しておいてください。**例えば応募者向けの会社概要、面接官のプロフィール、事業内容がわかるもの、会社のミッション・ビジョンについてなどです。**

面接でよく聞かれる質問は、事前に回答集をつくっておく

　逆に面接で応募者からよくされる質問は、事前に「よくある質問＆回答集」などといったタイトルでFAQ記事として書いておくと、お互いにとってスムーズな選考になります。

　一般的には、給与や福利厚生、勤務時間や残業時間、転勤の有無などについては、応募者も気になって面接で質問してくるケースが多いので、記事として載せてチェックできるようにしておくと便利でしょう。

社長の経歴なども応募者はチェックしている

　最終面接前は、応募者は経営者や経営陣について調べることが多いです。そのため、社長や経営陣の経歴やインタビュー記事を載せておくといいでしょう。

　また、内定者に対して入社への意思決定に向けての迷いや不安を払拭できる情報も大事です。例えば「どんな雰囲気の職場か」「どんな人たちと一緒に働くことになるか」などのカルチャーがわかるものです。また事業自体の強みや特徴、業界でのポジションや差別化できている理由も知りたい方が多いです。またセミナーや講演での登壇情報や、メディア掲載された事案を載せておくことも、信頼ある企業の裏づけになるのでお勧めです。

応募者へのメール内に読んでほしい情報を入れておく

　それぞれの選考フェーズで、どんな情報を読んでもらえるといいのかを考えながら情報発信をしていきましょう。具体的には**面接を案内するメッセージやメールの中に、応募者に読んでほしい記事のURLを載せておくと、チェックしてもらいやすくなります。**

● 選考フェーズでどんな情報を出すのか

一次面接前	二次面接前	最終面接前
✓ 会社概要　　✓ 事業概要　　✓ ミッション・ビジョン　バリュー	✓ 事業責任者の経歴や　インタビュー記事　　✓ 給与や福利厚生　　✓ カルチャーが　伝わるもの	✓ 経営者や経営陣の　インタビュー記事　　✓ 入社後のキャリア　事例　　✓ 事業自体の強み

ワーク

ワーク1 面接直前に読んでもらうためのコンテンツを作成しましょう

ワーク2 面接官の経歴やインタビュー記事もつくっておきましょう

5-5

応募者が不安なこと、知りたいことをコンテンツにする

面接で聞かれた質問はネタの宝庫

創業理由、社名の意味、働いている人…広報ネタは豊富にある

応募者が応募する前に不安なこと、知りたいことをコンテンツにするのが一番簡単な採用広報です。

例えば「この会社ってなんで創業されたんだろう」「社名はどういう意味なんだろう」「どんな雰囲気なんだろう」「どんなオフィスなんだろう」「どんな性格の人が多いんだろう」「自分と同じような経歴の人っているのかな」「未経験でも大丈夫かな」「研修ってあるのかな」「経営状況は大丈夫かな」「この会社は何を目指しているのだろう」などといった疑問に対する情報です。

このように、**会社に対して不安なことや知りたいことが応募者にはたくさんあります。これらに対するアンサーを、事前にコンテンツとして書いて、広報として情報発信していくのです。**これが一番初歩的な採用広報です。

面接の際に聞かれた質問に回答するとコンテンツになる

よくある質問への回答記事をつくる最初の方法はすごく簡単です。**面接の際に候補者から聞かれた質問をメモしておいて、後日それに対してじっくりと文字で回答してみてください。**文章にすると、「よくある質問25個」などといったように、多くの応募者が気になることを事前にコンテンツにでき、応募者の不安払拭に役立ちます。

134

● **面接で受けた質問は、採用コンテンツになる**

FAQ記事の例

　例えば下記は当社マルゴト株式会社がアップしているFAQ記事です。

　「カジュアル面談で『よく聞かれる質問』に文字で答えます。面談のQ&A×25個！」という記事になります。

1：会社のミッションはありますか？

2：数年後にマルゴト社はどうなっていたいですか？

3：これからやりたい事業はありますか？

4：VCから出資を受けたり数億円調達したりしないんですか？

5：いま何人採用したいとかありますか？

6：社員は女性が多そうですが、男性は採用していないのですか？

7：採用する人に求めていることは？

8：出社の必要はありますか？

9：社員同士が対面で会うことはないのですか？

10：フルリモートで大変なことは何ですか？

11：マルゴトの顧客企業の集客方法はどうやっていますか？

12：どんなことが仕事のやりがいですか？

13：人事／採用業務経験はどれくらい必要ですか？

14：現在、個人事業主として働いている場合はやめないといけない？

15：土日や休みは普通にとれますか？

16：お客さん先に訪問することはありますか？

17：全社集会や社内行事はありますか？

18：フルリモートワーク・完全テレワークのメリットは何ですか？

19：フルリモートワーク・完全テレワークのデメリットは何ですか？

20：社内の教育体制はどんなものがありますか？

21：入社までに何か準備は必要ですか？

22：社内のコミュニケーションはどう取ってますか？

23：始業や終業の勤怠管理はどうしていますか？

24：福利厚生はどうなっていますか？

25：有給休暇はどのように取れますか？

これらの質問に対して、文字での回答を公開しています。

ワーク

ワーク1 応募者が知りたいことをコンテンツにしましょう

ワーク2 実際に聞かれた質問をもとにコンテンツをつくっていきましょう

5-6

採用ピッチ資料制作のコツ

採用向けのスライド資料を用意しよう

 採用ピッチ資料とは？

「採用ピッチ資料」とはスライド形式でつくられた、採用向けの会社紹介資料です。主にPowerPoint、Googleスライドなどでつくったものをオンライン上にアップしているものです。コロナ禍でオフィス内での対面での面接ができなくなった期間に、オンライン面接でも会社のことをもっと知ってもらおうという流れもあり、ベンチャー企業を中心に広まりました。

ここでは、採用ピッチ資料をつくるノウハウを紹介します。当社は採用業務のために、300社以上の採用ピッチ資料やカルチャーデック資料（組織文化や価値観を表した資料）を読み込み、また60社以上の採用ピッチ資料を制作してきました。その中で培ってきた採用ピッチ資料制作のコツやノウハウをお伝えします。

大前提としては、採用ピッチ資料は、**自社のことを知らない求職者目線に立って「読み手が知りたい情報」を載せる**ことです。

また**「一言で伝える内容」**と**「詳細を伝える内容」を分ける**のもコツです。下記に7つのノウハウを記載していきます。

 制作ノウハウ①〜まずは事業内容を一言で〜

「何をやっている会社か」の部分に当たる事業内容は必ず入れましょう。

・パッと事業内容がわかる、シンプルなスライド（イメージ画像

第5章 自社の魅力をPRする採用広報の極意

＋キャッチコピーのスライド）
・詳細を読み込むことで理解が深まるスライド（説明スライド）

と分けることで、伝わりやすくなります。

● シンプルなスライド

● 説明スライド

制作ノウハウ②〜給与のミスマッチは資料で防げる〜

　オンライン面談で聞きにくい福利厚生や給与制度について、資料に載せている企業もあります。リアルな給与レンジのスライドを入れることでオープンな社風が感じられ、好印象を与えることも可能です。

● **キャリアと給与のスライド**

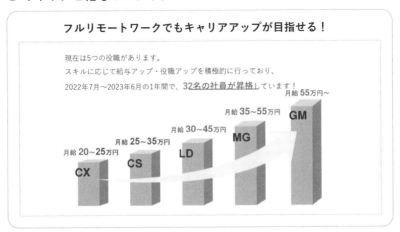

● **福利厚生をやさしく解説**

制作ノウハウ③〜「働き方」もアピール〜

　働き方の制度を通じて、会社のカラーを伝えることができます。リモートワークや時短勤務、フレックス制度などの働き方について少しでも触れると、なおいいでしょう。同じリモートでも、「週1日のみ可なのか」「週3日程度なのか」「フルリモートなのか」で大きく変わるので、細かく記載しましょう。

制作ノウハウ④〜「こんな人と働きたい」をストレートに〜

　「自分に合う会社か」「入社後のギャップがないか」を求職者の方に自分でチェックしてもらう部分になります。「ミスマッチを防げる」&「マッチする人が集まる」というのは、両者にとっていいことです。ストレートにこんな人が自社に合っている、こんな人と一緒に働きたい、と記載しましょう。

● マッチする人をストレートに伝える

制作ノウハウ⑤〜給与以外で得られることを書く〜

　自社だからこそ得られる経験や実績をアピールしましょう。例え

● 自社で身につくスキルを明確化

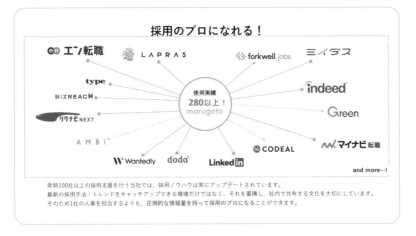

ば株式会社SmartHRの採用ピッチ資料には、「自社は100万社に1社の会社になれる、その初期3％のメンバーになれる」というような記載がなされています。自社だからこそ積める経験や得られる実績を、スライド形式で自由にアピールしてみましょう。

制作ノウハウ⑥〜自社の課題を公開して伸びしろを伝える〜

課題を公開することで自社の伸びしろが伝わり、一緒に課題を解決していける優秀な方に興味を持ってもらえる側面もあります。また、入社後のギャップを埋めるために、現状の課題を公開してしまうという方法もあります。

制作ノウハウ⑦〜よくある質問を網羅〜

面談時によく聞かれる質問があれば、資料にQ&Aとして記載してしまうと効率的です。沿革、メンバー構成、今後の事業展開などをスライドに入れることにより、面接時の質疑応答がショートカットできます。そのため、面接時にもっと濃い話ができたり、面接時間を短縮できたりと、時間を有意義に使うことができます。

● これからの会社像を伝える

marugotoのこれから

当社では、下記のような顧客層まで拡大したいと考えています。
顧客ニーズは大きい中で、サービスクオリティを維持したまま拡大するには、
当社の課題として、リーダー・マネージャー職の人材が足りていません。

ぜひリーダー候補・マネージャー候補として働いてみませんか?

01.	02.	03.
メガベンチャーの採用	全国の地方優良企業の採用	医療機関の採用

● よく聞かれる質問はあらかじめ載せておく

よくあるご質問

Q. 人事未経験でも活躍できますか?

A. できます!ゼネラルマネージャーは人事未経験で入社しました。
他にも未経験から2年でLDになった方もいます。

Q. 残業について教えてください（月平均や残業代について）

A. CXとCSの平均残業時間は月13時間以内です。LDについては23時間です。

Q. 社内での交流はどういったものがありますか?

A. 任意のオンライン飲み会はありますが、強制のものはありません。
雑談スレッドや趣味のスレッドなどがたくさんあるので、任意で参加が可能です。

ワーク

ワーク1 ピッチ資料のつくり方の手順を押さえておきましょう

ワーク2 面接で聞きづらい内容をあえてピッチ資料に入れてしまうことも考えましょう

つくった記事は勝手に読まれない。
届けるための行動が必要

SNSなどで積極的に拡散していこう

作成した記事は自分や社員のSNSなどで流す

　記事を作成して自社のホームページにアップしたとしても、勝手には読まれません。「御社のWeb上の記事をみて応募しました」というケースはなかなかないです。そもそも、記事をWeb上に載せただけでは、検索してもたどり着きにくいです。また、自社のホームページから採用広報の記事までたどり着いてくれるのは、応募者がよほど興味を持っている段階ですので、特に採用の初期ではかなり少ないです。

　そのため、**どこでみてほしいのかを考えて、届けるための行動も、積極的にしていきましょう。**

　例えば認知を増やしたいなら、社長や人事のFacebookやX（Twitter）などのSNS、もしくは転職希望者がよくチェックするLinkedInやEightなどで流していくと、つながっている人にみてもらえます。

どこのタイミングでどの記事を読んでほしいかを想定する

　応募前、一次面接前、最終面接前、内定後など、**どこのタイミングでどの記事を読んでほしいのかを想定しておきましょう。**「こんな人には、このタイミングで、こんな記事を読んでほしい」といったことを考えます。

　また、一次面接前に読んでほしい記事は、日程調整のやり取りの最後にそのリンクを入れるなど、記事を届けるための行動もセット

で考えてみてください。このように、届ける時期を考えて記事を作成していくと、足りないコンテンツが見えてきます。結果として、新たにどのようなコンテンツをつくればいいのかも、わかってきます。

 ## ストーリーに人は共感する

文章を書く際に理解しておきたい点は、「ストーリーに人は共感する」ということです。淡々と必要な情報が書いてあっても共感されません。

具体的には、**起承転結のある変化の大きいストーリーに人は共感します。**例えば「こういう悩みがあった人が、こんな出来事があって、こんな行動をしてみたら、こんなふうに良くなった」などです。

 ## 成長のストーリーがわかる構成にしよう

そのため、採用広報の文章は、もともとはこんな状況だった人が、こういう経験があって、壁にぶつかって悩んで、そこでこういうことを思って、その結果こういう状態に変わった、という人の感情の動きが伝わるように書いていきます。

すべて順風満帆に自分のキャリアを築いてきた、という人はほとんどいないと思います。**経営者や社員が途中でつまずいた話や悩んだりした感情面、周りから言われた批判や心配の声といったマイナス部分も含めて書くと、ストーリーとして引き込まれるものになります。**

有名社長のインタビュー記事や他社のストーリー記事なども読んでみて、引き込まれる記事はどういう出来事を書いているかを学びましょう。

例えば、次ページに挙げたようなインタビュー記事を当社では公開しています。大手企業から転職される方、事業会社の人事から転職される方が多いので、そのような方々にも共感してもらえるような記事にしています。

● マルゴト株式会社のインタビュー記事の例

事業会社の人事経験を活かしてRPOのマネージャーに。採用を極められる理想の働き方

写真：マネージャー　宮下ベンチャー向けに採用代行（以下RPO）を展開する株式会社ビーグローバル。日々の運営を支えるのは、人事経験者を中心としたチームです。マネージャー1人…

2万人超の大手から、フルリモートの企業へ。集中できる環境でスタートアップの成長に貢献。

写真：BeGlobalマネージャー　大久保2019年1月には社員数3名だったところから、2020年5月には社員40名と、完全テレワークの組織を拡大してきたBeGlobal。中小企業／ベンチャー企業…

インタビューは、その人の個人の話を伝えるのが目的ではない

　社長のストーリーはもちろんそうなのですが、転職してきた社員が活躍するまでのストーリーも、すごくいい素材になります。もともとどのような人物だったか、何につまずいたか、当社と出会ってどう変わったのか、などについて、共感を得られるように書いていきます。

　社員インタビューは、その人個人の話を伝えることが目的ではあ

りません。この社員に近い属性の候補者にとって「自分にも同じような悩みや課題がある！」と共感してもらったり、自分自身のキャリア選択の参考にしてもらったりして、興味を持ってもらうためのものです。

　特殊な個別事情を書きすぎずに、多くの人が読んで理解できるようなストーリー記事を心がけましょう。

ワーク

ワーク1 記事は、起承転結のあるストーリーに仕上げましょう

ワーク2 SNSでの拡散や、日程調整のメール内にリンクを張るなどして、読んでほしい記事を拡散しましょう

フルリモートワークで働く理由はさまざま

　私は妻が妊娠したとわかったときに、子育てと仕事を両立すると決めて、出産予定日まであと5カ月と迫った中で2015年9月にマルゴト株式会社（旧名：株式会社ビーグローバル）を創業しました。

　当時は山手線の駅から徒歩5分くらいの場所に住んでいて、「バリバリ働いている29歳男性」、というのが私の状況だったので、「完全在宅勤務で働く！」と言い出したときは、周りからは疑問や心配の声のほうが多かったように思います。営業中に「自宅で働くと言っていますけど、今さんほんとに仕事する気あるんですか？」と言われたこともあります。2015年当時は「リモートワーク」という言葉はまだあまり使われておらず、「在宅勤務」や「テレワーク」という呼び方のほうが一般的でした。

■ フルリモートのみの環境で社員150人の会社まで成長する

　最初は採用や人事関連だけではなく、業務改善サポートやカスタマーサポートの代行、記事のライティング、営業代行などオンラインでできることをなんでも受けて、どうにか生活をしていました。仕事も自分で運営できる分だけ安定的に増えてきて、2018年頃から、周りから「自宅で働けるなんて最高だね」と言われるようになってきました。

　そこからこの働き方は自分1人だけに適用するのではなく、フルリモート勤務の社員を雇用することで、多くの人にもこのような機会を提供したいと思うようになりました。その分、仕事をさらに受注できるように頑張っていこう、と決意しました。

　フルリモート勤務の求人として募集をかける中で、たくさんの方と面談をしました。結果的には2018年から2023年までの5年間で、私1人のみだった会社が、社員数150人の規模まで成長することになり

ました。

■フルリモート勤務を希望する理由はさまざま

　フルリモートという職場は、子育ての関係で時短でしか働けなかった女性や専業主婦だった方が多いと思われがちですが、実はさまざまな動機でフルリモートワークを希望する方がいることがわかってきました。

・男性でも子育てにかかわりたいからフルリモート
・片耳が聞こえなくて職場だと仕事しにくかったからフルリモート
・LGBTQで職場だとトイレなどでの見られ方が気になっていたのでフルリモート
・結婚したばかりでいずれ出産して子育てしたいからフルリモート
・旦那さんが転勤族で2年に1回は引っ越すからフルリモート
・ペットを3匹以上飼っていて面倒をみたいからフルリモート

　私自身でいえば「仕事も全力を尽くしつつ、子育てと親の介護のどちらもしたいからフルリモートで働きたい」という理由です。
　このように、フルリモート勤務を志望する人にはさまざまな理由があるのです。

　「フルリモートの職場ですと主婦の方が多いんですか?」みたいな質問はもはや狭い話で、多様な働き方のニーズが世の中には存在しています。これらの方々の希望する働き方ができる職場を提供することで、採用の優位性が増すことは間違いありません。
　業務の都合上フルリモートにできない会社も多いこともあり、フルリモートだけが良いわけではないのですが、「自社の職場でもどのようなものなら多様な働き方を許容できるか」ということを考えてみるのもいいかと思います。

第6章

それぞれの求人手法の
特徴を知ろう

~人材紹介、SNS、リファラル等の
手法を具体的に解説!~

6-1

ほしい人材は
「転職潜在層」にいる

手数を増やしてアプローチの確率を高めよう

中途採用の「打ち手」とは？

　この章では、中途採用の「打ち手」について解説をしていきます。まず理解しておきたいのは、**転職層には、「転職顕在層」と「転職潜在層」がいる**ということです。

　明確に分かれているわけではないのですが、転職の顕在層と潜在層の違いについては理解しておきましょう。特に転職潜在層の方々が考えている「いい話があれば聞いてみたい」という心境や動き方を知っておくだけでアプローチが変わります。

● 転職顕在層と転職潜在層の違い

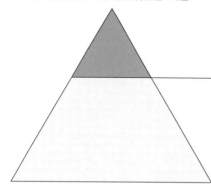

▼ 転職顕在層
・求人広告媒体をよく見ている
・エージェントに登録している
・スカウト媒体に登録している
・退職日が決まっている／退職済み

▼ 転職潜在層
・いい話があれば聞いてみたいと思っている
・退職は考えていない
・スカウト媒体に登録はしている
・SNSは見ている
・エージェントはまだ登録していない
　もしくは話だけ聞いてみたことがある

　すでに活躍している人材や即戦力人材と呼ばれる方々は、基本的には、転職潜在層にいると思っていただくほうがいいです。その前提でさまざまな打ち手を打っていくことが大事です。

採用につながる接点はなんでもあり

　採用するための接点は、実はなんでもいいのです。たまたま交流会や飲み会で話した人が働いている会社、TikTokでみた会社、ニュースでみた会社、ネットでみた会社、Instagramでみた会社、X（Twitter）でみた会社、などなんでもOKです。知ってもらったきっかけはなんでもよくて、シンプルに「採用したい人に入社してもらうこと」が採用においてはゴールです。

　どんな方法でもいいから、いい話があれば転職も考えたいという人に自社のことを知ってもらうスタンスが大事なのです。

　社長もしくは社交的な社員に、イベントごとにたくさん顔を出してもらって、「人材を募集しているのでもしよかったら連絡してください」などと言い続けるだけでも、採用の接点を増やす効果があります。

 ## まずはアプローチの手数を増やす

　採用の接点を増やしたいなら、**使えるものはなんでも使うという意気込みが重要です。**

　例えば「求人媒体のIndeedへの掲載は無料です」と聞いた際に、求人を考えている企業なら掲載しない手はありません。採用の打ち手について手数はあればあるほどいいからです。ブログ、イベントサイト、X（Twitter）、Facebookなど、社員のSNS投稿も含めてすべてが採用の接点になり得ます。

　どんな経緯でも構わないので、いい人を採用できたら、それで採用活動は成功です。採用活動においてどのような人物と出会えるかは、最後の最後は運であるともいえます。「こんなところで弊社のことを知って応募してくれたんですか⁉」みたいな採用事例もよくあります。

　たまたまの出会いを、ちゃんと拾っていけるようにするには、手数を増やして、いろんな可能性の網を広げて張っておくことが、何

よりも大事なのです。

打ち手の数を増やして、結果としての数字をみて考える

　最初から打ち手の数を狭く少なくすることはメリットがありません。どんどん自社のことが転職希望者の視界に入ってくるほうが採用確率は上がります。

　採用活動が全体的にうまくいっていない場合は、とりあえず手数を増やしましょう。そのうえで数字などの変化をチェックして、どう改善すればいいかを考えましょう。最初から効率良くしようとするより、まずは打ち手の数を増やすことが重要です。

ワーク

ワーク1 採用に関する、どんな打ち手があるかを考えてみましょう

ワーク2 手数を増やしたうえで具体的な効果を測りましょう

中途採用で使われる
求人手法一覧

各求人媒体の特徴を知ろう

求人媒体での採用とは？

　中途採用の打ち手のメインとなるものは、求人広告とスカウト媒体を中心とした「求人媒体」と、いわゆる「エージェント」と呼ばれる人材紹介会社です。そのほかの手法としてリファラル採用、SNS採用、イベント開催、広告出稿などがあります。これらについて本章で解説していきます。

● 中途採用の打ち手のカテゴリー

求人媒体	エージェント	その他の打ち手
・広告型媒体	・一般紹介・登録型	・リファラル採用
・運用型媒体	・サーチ型	・SNS採用
・スカウト型媒体	・紹介予約派遣	・イベント開催
・求人誌	・ハローワーク	・広告出稿

　まずは打ち手のメインとなりやすい、求人媒体について解説していきます。

　求人媒体とは、企業が新たな人材を募集するために使うサービスのことです。使い方の特徴もさまざまなのですが、大きく言えば**「広告型」「運用型」「スカウト型」「求人誌」の4つに分けることができます。**

● この項で紹介する打ち手

求人媒体	エージェント	その他の打ち手
・広告型媒体 ・運用型媒体 ・スカウト型媒体 ・求人誌	・一般紹介・登録型 ・サーチ型 ・紹介予約派遣 ・ハローワーク	・リファラル採用 ・SNS採用 ・イベント開催 ・広告出稿

広告型求人媒体

広告型求人媒体は、掲載期間を決めて、媒体社がもととなる募集文を作成したうえで求人広告を有料で掲載し、その広告を通じて求職者が応募できるようにします。例えばリクナビNEXT、doda、エン転職、typeなどです。

運用型求人媒体

一方、運用型は企業自らが募集文を書いたり更新をしたりすることで、求職者にみてもらい、応募を集めるものです。例えばWantedly、Greenなどです。掲載期間は広告型よりも運用型の媒体のほうが、1年間契約など長いことが多いです。掲載費用は広告型に比べると安く済みます。

またIndeedや求人ボックスといった求人に特化した検索エンジンのような媒体では、Googleのリスティング広告のような形でクリック形式で課金されるものがあります。ターゲットが広範囲の場合は、このような媒体を活用し、キーワード選定と広告費をコントロールしながら運用していくこともあります。

スカウト型求人媒体

スカウト型は、採用する企業自体がスキルや経験を持った求職者

を直接データベースから探し出し、個別で仕事の提案を行うプラットフォームのことを指します。企業が採用条件に合う候補者を探し出し、その候補者に直接アプローチすることが可能になります。

スカウト型求人媒体は、特に競争が激しい職種や専門性の高い役職の人材を探す際に有効です。例えばビズリーチ、LinkedIn、AMBI、ミイダスなどがあります。スタートアップ、ベンチャーに特化した媒体であればアマテラスやYOUTRUSTなどです。採用難易度の高い職種で、業務委託でお願いできる人を探すケースは複業クラウド、Offersというサイトもあります。また、運用型とも重なるのですが、WantedlyとGreenにもスカウト機能があります。

求人誌

求人情報誌とは、求人情報をまとめたフリーペーパーのことを指します。求人情報誌はエリアごとに募集を出せるのがメリットです。それぞれ地域やユーザー層が異なるため、採用ターゲットによって使い分ける必要があります。

Webで求人を検索する場合は、少しでも条件から外れてしまうと閲覧率は落ちていきますが、情報誌やフリーペーパーの場合は、紙媒体であるがゆえにページをめくりながら求人を探すことになるので、求職者の目に留まりやすいという特徴があります。

求人誌は、特に地域密着型の採用で効果を発揮します。なかでも、「地域情報誌」といわれる刊行物は、地域のお店や施設などの生活情報とあわせて求人情報が掲載されていることが多いです。職場のエリア内で採用したい場合は有効でしょう。

ワーク

ワーク1 各求人媒体の特徴を押さえておきましょう
ワーク2 現在の採用目的に合った求人媒体を使っていきましょう

6-3

求人媒体で採用するコツ

各媒体の勝ちパターンはそれぞれの担当者が知っている

👤 企業側でできる工夫は、求人媒体や代理店が知っている

　各媒体のうまい使い方や勝ちパターン、企業側でできる工夫は、求人媒体や代理店が知っているケースが多いです。なので打ち合わせの際などに、どんどん突っ込んで聞くのが大事です。

　例えば、その分野で1年前に成功した求人の仕方を教えてもらえます。「こういうタイトルのほうが応募が集まりやすい」「写真は別のものに変えたほうがいい」など、最近の傾向やアドバイスも聞けます。求人媒体や代理店の担当者との打ち合わせの機会があれば、このような情報を積極的に聞き出しましょう。

　なお、1月や9月に応募が多いとか、5月や11月は応募が少ないという時期の話は、新卒採用であれば大きく関係があるのですが、中途採用であればほとんど誤差の範囲であると考えて構いません。

　ボーナスが終わった後に探し始めるなど、いろんな考え方の人がいますが、このようなタイミングを狙ったからうまくいったという話はあまり聞きません。**人材がほしければ、できるだけ早く動くほうがいい**でしょう。

👤「年間休日123日、年収〇百万円以上」だけだと他社と同じ

　何も考えずに求人媒体の担当者と接すると、媒体に載せる写真がよくある職場の様子を写したものになったり、インタビューで取材するライターが全然突っ込んで来なかったりしてしまいます。

　そうすると「年間休日123日、年収〇百万円以上、応募お待ちし

ています」というような、条件面だけを淡々と載せたような募集内容になってしまいます。これですと、他社と差別化できません。

自分たちの強みとかいい部分を、担当者に積極的にアピールしていくことが大切です。

「この企業はいい」と思ってもらえるまで担当者を巻き込む

せっかく代理店や媒体会社にお金を払うのであれば、担当になった人に「実際に御社からみて応募は集まりそうですか？」「何か気になる要素や改善できそうな点はありますか？」と聞いたほうがいいでしょう。**企業側が上から目線で「お金払っているんだから成功させろ」というようなスタンスですと、求人媒体の担当者も協力しようと思いません。**

担当者に、「この会社の求人は絶対に成功させたい」「流れ作業じゃなくてしっかりと結果を出したい」と思ってもらえるようにしたいものです。

特に運用型の求人媒体には、採用を考えている企業がうまく採用できるようにサポートしてくれるカスタマーサクセス担当が必ずいます。その担当者自身が応募したいぐらい「いい求人だな」と思ってもらえるまで、担当者を巻き込んで、採用活動に臨むようにしていきましょう。

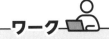

ワーク

> **ワーク1** 求人媒体の担当者とは積極的に情報交換をしましょう
> **ワーク2** 求人媒体の担当者が「いい求人だな」と思えるような採用活動を目指しましょう

エージェント経由の採用とは どういうもの？

各エージェントの特徴を知ろう

 エージェント採用とは何か？

エージェント（人材紹介会社）とは、求職者と企業の間に立つ第三者で、両者のマッチングをする役割を担っています。エージェントは日本国内に２万5,000社以上もあります。各会社は特定の業界や職種や地域に精通しており、求職者に対してその分野における適切な求人情報を提供しています。一方、企業に対しては人材の紹介、採用に至るまでの交渉のサポートを行います。

エージェントの目的は求職者と企業の間で最適なマッチングを生み出すことです。費用の発生の仕方としては、**入社が決まった際にその人の予想年収の30〜40％程度を企業がエージェントに支払うことが多いです。**なお、ここでは無料のハローワークについても人材紹介会社として言及します。

● この項で紹介する打ち手

求人媒体	エージェント	その他の打ち手
・広告型媒体	・一般紹介・登録型	・リファラル採用
・運用型媒体	・サーチ型	・SNS採用
・スカウト型媒体	・紹介予約派遣	・イベント開催
・求人誌	・ハローワーク	・広告出稿

エージェントは、大きく分けると、一般紹介・登録型、サーチ型、紹介予定派遣、ハローワークの4つがあります。それぞれの特徴は以下のようになります。

一般紹介・登録型

　求職者に企業を案内し、企業に候補者を紹介する、最も一般的な形態です。人材紹介会社が求職者（個人）に自社サービスの登録フォームから年齢や職歴、転職の希望条件などの情報を登録してもらいます。

　その後、人材紹介会社のキャリアコンサルタントと面談を行い、詳細な希望条件を明確化していきます。人材紹介会社が保有する求人条件に合致するものがあれば、マッチングを行います。人材紹介会社のキャリアコンサルタントが求職者との面談を行ったうえで紹介が行われるため、マッチングに一定程度の品質が保証されます。

　入社した際の成果報酬のため、依頼するだけなら費用負担なしで依頼ができます。逆にエージェントも成果報酬で動いているため、「ここはこんな人を採用してもらえそうだな」とイメージがつかないと、あまり紹介をしてもらえないこともあります。採用企業から積極的にコミュニケーションを取って、動いてもらえるようにするのが効果的です。また、最近ではCircus AGENT、agent bankといった、中小規模の人材紹介会社に一気に求人展開ができるエージェント向けプラットフォームもあります。

サーチ型

　企業から求人の依頼を受けてから、条件に合う現役で働いている人材を人材会社がスカウトしていく形態です。**「ヘッドハンティング」とも呼ばれ、幹部候補クラスでの求人依頼が多いという特徴があります。**依頼時に100万～300万円程度の初期費用を払うスタイルが一般的です。その金額で活動量を確保してもらい、アプローチする時間を取ってもらう形です。

明確に候補者の社名と役職と氏名をリストアップしてから、個別にアプローチしていくのもサーチ型ならではの動き方です。ハイクラス層にアプローチする場合は有効な手段です。

 ## 紹介予定派遣

派遣社員が、就業開始前や開始後に派遣先企業と直接契約（正社員・契約社員）を結ぶことを前提に、一定期間（6カ月まで）の人材派遣を行うシステムです。

派遣社員として就業中は、「時間単価」×「派遣スタッフの実働時間」の金額を支払い、採用が決まった際に紹介手数料を支払う形になります。**6カ月間一緒に働いてから就職するかどうかを判断できるため、採用のミスマッチが起きにくい**というメリットがあります。

ハローワーク

ハローワーク（公共職業安定所）を介した中途採用も、業種によってはまだまだ存在しています。**仕事探しに慣れていない求職者のために、求人情報の閲覧や申し込み、応募書類の添削、面接指導などをしているのが特徴です。**

企業側としては、無料で求人を掲載して採用できる点や、地方求人に強いところがメリットです。ただし、いわゆる業界経験者や、もしくはオンラインで情報を探すことに慣れている20〜30代の求職者はWebを通じて仕事探しをすることのほうがメジャーになっています。転職潜在層となりがちな即戦力人材はハローワークでの採用は期待できないものと考えたほうがいいでしょう。

 ワーク

> **ワーク1** 各エージェントの特徴を押さえましょう
> **ワーク2** 自社の現状ではどのようにエージェントを活用すればいいか、方法を考えてみましょう

6-5

エージェント経由での
採用のコツ

エージェントの担当者は採用パートナー

 エージェントの担当者が動いてくれるかどうかがすべて

前提として人材紹介会社は成果報酬型なので、紹介した人が採用されれば売上が上がりますが、何人紹介しても採用が決まらない場合はタダ働きになってしまう、という状況になります。

エージェント対策としては、**エージェントの担当者自身に「この会社は売上が上がりそう」と思ってもらうこと**が大事です。むしろ担当者自身にとっても「自分も入りたいくらいだ」とか「身近な人や大事な候補者に紹介したい」というくらい良い会社だと思ってもらう必要があります。

エージェントに「お金を払うのだからすぐにいい人を紹介してよ」というような上から目線の態度で接すれば、逆にエージェントから

● **エージェントや媒体担当者は、対等な関係の外部パートナー**

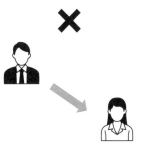

エージェントや、採用媒体の担当者は、
下請け業者ではない。

同じ採用目標に向けて、
協力してもらう採用パートナー。

なかなか紹介してもらえなくなってしまいます。自社の採用を成功させるためのパートナーとして、丁寧に担当者とコミュニケーションを取りましょう。

無理にエージェントを動かそうとするよりは、自社の良さとターゲットを明確に伝えることで、自然と「この会社にはいい人を紹介したい」と思ってもらうほうが健全です。

👤 エージェントが求職者に説明できるコンテンツを増やす

それぞれのエージェントの担当にしっかりプレゼンしたり、情報提供したり、気になっていることに対して回答してあげたり、自社が属する業界自体の魅力を改めて教えてあげたりすることで、エージェントが求職者に説明するコンテンツも増えていきます。

企業側から「採用ピッチ資料や採用サイトを求職者に共有してもらってOKです」と伝えておくと、エージェントも企業のことをスムーズに説明できるようになり、非常に紹介しやすくなります。

さらに、「こんな人が最近合格しました」「こういう人は見送らせていただきました」など、選考基準がイメージできる情報提供をするのもいいでしょう。

👤 エージェントの担当者には定期的な情報提供を

なお、エージェントとの打ち合わせから１カ月も経つと、募集しているポジションが現在も空いているのかどうかも忘れられます。

できれば、月１回程度は「現在はこんな募集状況で、ここのポジションは緊急度が高いです」「こっちのポジションは採用できそうです」などと、ポジションごとの緊急度と優先度を伝えるようにしましょう。エージェントの担当者に自社のことを忘れないでもらうには、定期的にこちらから情報を提供し続けることが大事なのです。

👤 売上につながらないと思ったら紹介してくれない

まれにエージェントに「３カ月間で30人以上は紹介してほしい」

などと、紹介者数を確約してもらおうとする企業もあります。

　しかし条件が合わない人を大量に紹介されるのは、お互いにとってメリットがありません。いたずらに紹介数を増やしてもらうのではなく、求人に合う人をきちんと紹介してもらう形で進めてもらうのがいいでしょう。

　逆に「実は給与水準が他社よりかなり低くて紹介しにくい」「実は教育研修体制が整っていないようにみえるので若手を紹介しにくい」などといったマイナスの要素をエージェントが感じていることもあります。このようなことを**本音ベースで教えてもらうようなコミュニケーションを取っておくと、自社の採用環境の改善もできます**。

　エージェントは成果報酬型で動いているので、売上につながらないと思ったら紹介してくれません。

👤 エージェントごとに得意とするジャンルがある

　またエージェントごとに得意とする母集団があります。その会社がどの業界やどの職種に強いか、どんなターゲットに積極的に広告をかけているか、代表や主要プレイヤーがどんな経歴でどんな業界のつながりがあるか、逆に紹介できるか自信がないポジションは何かといった、**エージェントごとの得意・不得意はしっかり聞いたほうがいいです**。特に「どうやってエージェント自体が集客をしているか」は、独自性の部分なので聞いておくといいでしょう。

ーワーク🧑‍💻ー

> **ワーク1** **エージェントとwin-winの関係になれるようにしましょう**
> **ワーク2** **各エージェントの特徴を捉えて、自社の採用活動に生かしましょう**

6-6

リファラル採用とは
どういうもの？

まずは経営者がトライしてみよう

👤 中途採用の手法はまだたくさんある

　ここからは、リファラル採用、SNS採用、採用イベント、広告出稿の4つを解説していきます。

● これから紹介する採用手法

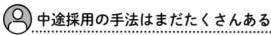

求人媒体	求人媒体	その他の打ち手
・広告型媒体	・一般紹介・登録型	・リファラル採用
・運用型媒体	・サーチ型	・SNS採用
・スカウト型媒体	・紹介予約派遣	・イベント開催
・求人誌	・ハローワーク	・広告出稿

👤 リファラル採用の概要

　「**リファラル採用**」とは、企業の経営陣や社員が自分の人的なつながりの中から候補者を推薦し、採用につなげる手法です。縁故採用と呼ばれていた手法に似ていますが、家族や親族のつながりだけではなく、自身の知人、友人、元同僚、同級生など、自分のネットワーク内の候補者を推薦するという範囲の広さが異なります。

　リファラル採用は、転職サイトやエージェントにもまだ登録していない転職潜在層にアプローチできる可能性があることがメリット

164

です。また社員の推薦という信頼のフィルターを１つ通過していることから、候補者のスキルや性格、働きぶりがある程度保証され、適性の判断が簡単になります。また外部サービスを使わないので、うまくいくと費用対効果が高いものになります。

本格的にやるなら工数がかかる

リファラル採用も、たくさんやり方があります。ただし**どのやり方も、それなりに工数がかかることが大前提です**。「友人にうちの会社に応募してもらえるよう紹介してね」といきなり社員に言っても、実際にはそんなすぐに応募は来ません。

また、友人を紹介してもらってもその人を不合格にしたら、紹介した社員が気まずい気持ちになりかねません。そういう繊細な心境が働く採用なので、普通にしていたらなかなかリファラルでの紹介は生まれません。「紹介した人が入社決定したら10万円払う」などと、金銭的なボーナスを付与しても、心境自体はあまり変わりません。

社外向けの飲食を兼ねたイベントなども考える

そこで、いきなり面接だとハードルが高いので、まずは社外向けのピザパーティー、寿司会、焼肉会、技術の勉強会、ボードゲーム会を開催するなど、**社員と交流してもらうイベントを実施することも考えてみましょう**。各社員が友人を１人ずつ連れてきて、みんなで異業種交流会も兼ねて、オフィスでピザを食べながら交流しましょう、みたいな企画です。面接に呼ぶのはハードルが高いですが、「こんなイベントがあるから来てみない？」という気軽なイベント形式であれば行ってみようかなと思う人はいます。いわばリファラル採用の手前の「**リファラル集客**」です。そのときには「会社づくりは仲間集め」「全員が人事担当」のように、社員全員でやっていく雰囲気やコンセプトづくりも大事です。

社員にリファラル採用をやってもらうなら業務化する

社員に業務としてリファラル採用をやってもらい、きちんと人事評価に組み込むという方法もあります。

そもそも、誰が自分のリファラルの対象先になるのかは、パッと思いつかない社員も多いです。各社員に自分がこれまで所属していたコミュニティを振り返ってもらって、高校、大学、サークル、趣味などでつながっているコミュニティを改めて書き出してもらい、その中の人をリストアップしていくことになります。

業務としてリファラル採用を取り入れる際は地道な行動がメインになってきます。具体的な流れとしては、採用担当者が「自社のこのポジションに合いそうな人で誰か知り合いはいますか？」と社内で聞いて回り、当てはまりそうな人の名前をリストに書いてもらい、その人にいつどうやって連絡するかを決めてもらい、お茶代やランチ代は経費で出ると伝えて、日を置いてもし連絡していなかったらプッシュして連絡してもらい、相手からの反応を記録していき、何名中何名が連絡がついて会えたのかを数字で残してもらい、それを評価して給与にも反映させる。

——ここまでやりきって初めて、社員がリファラル採用に動き出してくれると思っておいてください。仕組みだけ整えても、社員はなかなか動きません。

まずは経営者や役員がリファラルを頑張る

本当にリファラル採用で社員を採りたいのであれば、まずは経営者や役員が率先してやってみることが大事です。経営者に近い立場ほど仕事とプライベートの差がない形で人とつながることが多くなりますので、リファラル採用は自然とやりやすい立場になります。

経営者や役員が知り合い経由で採用を頑張るのが、リファラル採用の第一歩です。逆に経営者や役員が何も採用に動いていないのに、社員にばかり「リファラル採用を進めてください」と言っても説得

力がありません。

VC・アドバイザーからの紹介

　もしベンチャーキャピタル（VC）やエンジェル投資家から出資を受けている場合は、「投資先の人材採用支援」として、そのような人たちから紹介をもらえないか相談してみましょう。スタートアップ企業にとって貴重な情報やノウハウを持っているだけでなく、人脈も広く持っていたりします。

　彼らとしては投資先に事業を成長させてもらいたいので、必要な人材をつなぐことは大きなメリットがあります。ただ人材紹介が本業ではないので、そこはあくまでお願いする形ですが、活用しない手はないので積極的に頼ってみましょう。

ワーク

ワーク1 まずは経営陣や担当者が率先して、リファラル採用をやってみましょう

ワーク2 社外向けに、リファラル集客イベントを兼ねた食事会を開催してみましょう

6-7

多数の人に対面で会う 採用イベント

自社で主催して採用候補者を集めよう

 採用イベントとはどんなもの？

　求職者と企業が直接的な接点を持てる採用イベントに参加したり、場合によっては主催することも、人を集めるには有効です。**採用イベントは、直接自社の雰囲気を感じてもらえるところや採用フローを短縮化できる点がメリットとして挙げられます。**採用イベントには、以下のようなスタイルがあります。

 合同説明会

　求職者向けの**合同企業説明会（転職フェア・転職イベント）**が開催されています。このような場に出展ブースを出すという方法もあります。Web上の求人情報とは異なり、企業と求職者が直接コミュニケーションを取れるため、企業の雰囲気を伝えやすいという特徴があります。

 自社企画の採用イベントや勉強会、セミナー

　社内で企画・運営する採用向けイベントです。社内イベントは会社のカラーが映し出されるものです。イベントを通して、会社の雰囲気を事前に理解してもらうことで、会社のカルチャーと合わない人を採用してしまうリスクを避けることができます。

　イベントに来てくれた人全員を採用しようとするのではなく、イベントを通じて会った人の中から個別にアプローチをすると、結果が出るのが早くなります。

採用イベントは企業からしても、採用までのステップが遠く、すぐに結果の出ないものになります。全員に対して広くアプローチするのと同時に、個別で良さそうな経歴を持つ人や、カルチャーが合いそうな方を見つけて、イベント後に1人ひとりに個別アプローチをしていき、面接につなげることで、初めて採用に対する数値的な効果が出てきます。イベントの開催だけで満足しないようにしましょう。

 ミートアップ

「ミートアップ（meetup）」とは、もともとは同じ目的を持った人同士が集う交流会のことを意味します。数年前から採用手法としても活用されるようになりました。

採用企業側にとっては採用につながるのが理想ですが、基本的には**「自社に興味を持ってもらえれば成功」といった目的で実施されている**ケースが多いです。「理系女子Meetup」「SEOに関する座談会Meetup」「プロダクトづくりに興味があるエンジニアMeetup」や「海外で働く！ Meetup」などといったテーマの交流会です。

自社に少しでも興味を持ってくれている人たちに対し、直接企業の説明を行うことができるので、魅力を伝えやすいところが特徴です。転職潜在層に対して行われるミートアップは、Webだけでは発信することができない、直接的な雰囲気を伝えることができる貴重な機会となっています。

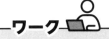 ワーク

ワーク1 **自社が検討すべき採用イベントにはどのようなものがあるか、まとめてみましょう**
ワーク2 **自社で開催できる採用イベントがないか、考えてみましょう**

6-8

SNSで直接採用する方法

それぞれの特徴を意識して使い分けをしよう

SNSを通じて採用のミスマッチを防ぐ

　X（Twitter）、Instagram、Facebookのようなソーシャルメディア（SNS）を活用して、社員やアルバイトの採用活動をするケースも増えてきました。

　人材紹介会社、求人媒体、自社採用サイトといった従来の手法は、採用前に企業と求職者が十分なコミュニケーションを取ることが難しく、「想像していた職場と違った」といったように、採用後にミスマッチが発生してしまうリスクがありました。

　一方、**ソーシャルメディアを通すことで、企業と求職者がお互いの情報を事前に知ることができるため、採用活動にかかるコストや時間の削減をすることが可能です。**各メディアの特徴をみていきましょう。

一般的なSNS／動画共有サイト

　X（Twitter）、Instagram、Facebookのようなソーシャルメディアです。近年、SNSを活用して人材採用に取り組む企業が増えてきました。求職者はSNSで求人を探せますし、企業はSNS経由で個人に直接メッセージを送ることができます。企業側は自社の求人情報をSNS上で投稿することで、多くのユーザーにアピールすることができます。また、社員が自社の魅力や働き方などを発信することで、企業の魅力を伝えることが可能となります。

▶ X（Twitter）

　短文や画像が投稿できるSNSです。主に20〜30代をターゲットにした採用活動にお勧めです。ただし転職活動向けに使われているメディアではないので、**アプローチする際にはあまり急ぎすぎず、あくまで接点の1つだと考えてください。**面白い投稿は拡散されやすいSNSではありますが、会社としてモラルを欠く投稿を続けると炎上にもつながりやすい傾向があります。相互フォローしている人にダイレクトメッセージを送ることもできます。突然メッセージを送っても怪しまれてしまうことがあるので、普段から仕事や求人に関する投稿をしていることが大事です。ダイレクトメッセージを送るだけでなく、"いいね！"を押したりコメントをすることで、緩く交流することもできます。

▶ Facebook

　実際に会ったことのある人とつながるSNSとして使われることが多いです。経営者もよく使っており、ビジネス用の連絡ツールにもなっています。イベントや仕事のつながりで会った人には、つながり申請をしてお礼メッセージを一言送る形で、緩くつながっておくのがお勧めです。一方、20代の人に聞くと使っていないという声も多いです。ただ、**いつか一緒に働きたい方と定期的に気軽に連絡を取る目的で活用することもできます。**ビジネスパーソン同士が近況を理解し合う目的で使い、連絡したいときに気軽に連絡が取れるSNSとして、使われている状況です。

▶ Instagram

　写真と動画の共有をメインにしたSNSです。男性よりも女性のユーザー数が多く、採用ターゲットが20〜30代女性の場合は、有効な採用ツールといえるでしょう。**特に仕事内容や職場自体を写真でみたときに、華やかな職場やオフィスがキレイな会社などが写っていると効果が高いです。**

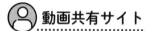 **動画共有サイト**

動画サイトはSNSではありませんが、動画共有サイトにはフォロワーという仕組みがあり、SNSとメディアの効果をあわせ持っています。

▶ YouTube

ほとんどの方がご存知のオンライン動画共有サイトです。採用活動の一環として、自社採用のYouTubeチャンネルを開設する企業も増えています。**採用ページに自社の仕事を紹介する動画を掲載することで、企業の雰囲気や社員の声を求職者に伝えることができます。**社員インタビューや社内の様子、職場の雰囲気などを撮影した動画を公開することでミスマッチにつながりにくくなります。

▶ TikTok

ショート動画が中心のオンライン動画共有サイトです。利用者の層としては特に10代から20代の若者が多い傾向がありますが、最近では30代以上の層も利用するようになってきています。TikTokは「検索不要」のアプリであるため、ユーザーは自ら検索しなくても、好みに合った動画が自動的に表示されます。再生数の伸び方はYouTubeよりもかなり多い印象です。このことから、**再生されやすい動画を工夫してつくることができれば、就職・転職活動をしていない潜在候補者層に認知をしてもらうことが可能となります。**

 **ワーク**

ワーク1 採用活動として取り組むSNSを決めましょう

ワーク2 まずはSNSに1回、採用向けの情報を投稿してみましょう

オンライン・オフライン広告による募集方法

広告出稿でも人材の募集はできる

　最後に、広告出稿で募集をかける方法について紹介します。求人媒体への広告ではなく、一般的な広告媒体を利用した手法です。大きくは、「**オンライン広告**」と「**オフライン広告**」の2種類があります。

オンライン広告の概要

　オンライン広告とは、オンライン（Web上）で出稿ができる広告のことをいいます。インターネット広告やデジタル広告、ネット広告とも呼ばれます。

　オンライン広告のメリットは、**ターゲットに対して直接広告を表示できる**ことです。また、**どのくらいの割合で広告をクリックしたかなど、効果の計測もできる**ことが人気を集めているポイントです。対象人数が少ないニッチな職種や、求人広告では競合が強すぎる分野の職種が、オンライン広告に適しています。

▶ リスティング広告

　GoogleやYahoo!などの検索エンジンにて、ユーザーが検索したワードに連動して掲載されるテキスト型の広告のことです。インターネット広告の代表的な広告手法で、「**検索連動型広告**」とも呼ばれています。

　検索キーワードで広告を表示することができるため、「希望職種」

「希望条件」などが合致した対象者に訴求することができます。

▶ SNS広告

SNS広告とは、X（Twitter）、Facebook、Instagram、TikTok
などのSNSプラットフォームで配信する広告のことです。

**ユーザーがSNSに登録したときの情報や、その後の利用傾向な
どをもとにした、細やかなターゲティングの設定ができる**ので、自
社が採用したいターゲット層に広告を表示させることができます。

さらに、ユーザーが普段みているタイムラインに広告が表示され
るので、ほかのWeb広告よりもリーチが見込めることが強みです。

▶ 動画広告

クリエイティブ動画を用いた広告のことです。広義ではテレビ
CMや屋外広告、電車内に流れる広告や駅構内にあるデジタルサイ
ネージ広告なども動画広告と呼ばれますが、狭義では主にWeb上
で目にする動画広告を指します。

Web上の動画広告で代表的なものは、YouTubeの冒頭や合間に
流れる15〜30秒程度の動画広告が挙げられます。**自社で実際に働い
ている人を動画内に登場させることができる**ので、具体的に働くイ
メージを訴求することもできます。

オフライン広告

インターネットを介さない広告のことで、新聞・雑誌などのこと
を指します。媒体によりリーチできる層が大きく異なるので、採用
ターゲットに合わせて出稿先を検討しましょう。

▶ 新聞広告

新聞の紙面に掲載できる広告のことです。ほかの広告媒体と比べ
て、**新聞広告の特徴は高い信頼性に**あります。これは、新聞が公共
性を持っていることが要因です。経済新聞なのか、業界新聞なのか、

地域新聞なのかによっても、アプローチできる対象先が変わります。

　一般的にはリーチ層が中高年層中心のため、採用ターゲットが中高年層中心の場合、求職者にアピールできる可能性が高いといえます。

▶新聞折込チラシ

　新聞に折り込まれるチラシ広告のことです。**配布する地域や配布日などを自社で決めることができるので、周辺に住むターゲットに効率よくアピールできます。**

　SNSなどは企業や個人が自由に発信できますが、折込チラシの場合は新聞社の審査を通ったものしか掲載されないので、情報の信頼性が高いというメリットがあります。新聞の読者層である主婦やビジネスマン、高齢者にダイレクトに求人内容を訴求できます。

▶雑誌広告

　ビジネス雑誌への広告記事出稿などです。採用記事というよりも**会社の知名度向上のために記事にしてもらい、採用にも間接的につなげるイメージ**で行うことがあります。一般的な雑誌の誌面や裏表紙などに掲載される広告や広告記事もあります。雑誌は読んだ後もしばらくは保管されることが多いため、保存性が高い媒体です。また、雑誌ごとに読者の属性や趣味が絞れるため、ターゲット層にリーチすることができます。

▶駅看板広告

　駅看板広告とは、駅構内や駅の外に設置された看板タイプの広告です。ビジネスパーソンや主婦などをはじめとする、不特定多数の駅利用者に向けた刷り込みによる視認訴求効果が期待できます。駅周辺施設への導線や認知向上にも優れており、地域密着性も高いところが特徴なので、**採用ターゲットが住むエリアが明確な場合は有効な手段**といえます。照明設備を備えた内照式看板や間接照明看板、

柱巻タイプの看板など、さまざまな仕様や形状があります。

▶デジタルサイネージ広告

　ディスプレイに掲載する広告です。近年、店頭、建物の外壁などに多く設置されるようになってきました。**地域密着性が高く、採用ターゲットが通勤などで使用しているエリア内で認知を高めることができます。**看板広告とは異なり、動画やスライドショーも流すことができるのが特徴です。

ワーク

ワーク1　オンラインやオフラインの広告で自社に合う人材が獲得できないか、検討してみましょう

ワーク2　広告媒体ごとの特性を押さえておきましょう

求人媒体の選定に関する
失敗事例

1つの手法に偏るとうまくいかないことも

よくある失敗 ▶ 一つの求人媒体に偏った採用活動

　企業が中途採用を行う際に、一つの求人媒体に依存しすぎることがあります。特定の求人広告の販売代理店が提案する媒体だけを使っているケースも多く、これにより適切な人材にアプローチできる機会を見逃してしまうことがあります。

　対策としては、求人をかける際には多様な媒体を活用し、幅広い層の求職者にアプローチすることです。さまざまな求人媒体を調査し、それぞれの特徴やユーザー層を把握しましょう。自社の求める人材に適した媒体を見つけることで、効果的な採用が可能になります。

　複数の媒体を活用して求人情報を広めることで、より多くの求職者にリーチできます。これにより、ターゲットとする人材層が広がり、採用のチャンスが増えます。

　求人代理店に頼るだけでなく、自社で直接、求人媒体を探してみることも重要です。代理店が扱っていない媒体のユーザー層にも優秀な人材が存在することを意識して、採用活動を展開しましょう。

　SNSやオウンドメディアを活用して、自社の魅力や求人情報を発信することも効果的です。これらの手段を用いることで、企業の求める人材に直接アピールできます。

第7章

求職者に刺さる求人媒体の 募集文の書き方

～350社以上の中途採用支援から 得られた事例を公開！～

7-1

必須条件、歓迎条件、NG条件を書き出す

募集文は条件がはっきりわかるようにしよう

「これがないと面接しても意味がない」というのが必須条件

　この章では、求人票に募集文を掲載する際、どのような文面を書けば効果的なのかを説明していきます。まず大事なのは、**募集する際の必須条件や歓迎条件を書き出す**ことです。

　候補者が自分で判断して、この会社に自分が合っているかどうかをセルフマッチングするためのものが「必須条件・歓迎条件」の記載部分になります。

　その中でも、職種ごと、ポジションごとに、必須なもの、**これがないと面談もしない条件、100%採用できない、というのが必須条件（MUST条件）**です。例えば営業職の採用で言えば「営業経験2年以上」「○○業界での勤務経験がある」などです。

　ただ求人票をみていると必須条件が多すぎることがあります。こうなるとハードルが高すぎて応募すらしてもらえないので、**「最低限これがないと絶対落ちるよね」**というミニマムな条件を設定します。

　必須条件は、内定を出すレベルの条件ではありません。まずは「会いたい人のレベル」で、ハードルを高くしすぎないように、注意しましょう。

「こういう経験があるといい」というプラス要因が歓迎条件

　歓迎条件（WANT条件）は「**できればこういう経験があると内定を出しやすいよね**」という条件です。例えば「法人営業経験3年

以上」や「部下を持ってマネジメントした経験がある」や「教育や
研修を担当したことがある」などです。こういう経験があったらあ
りがたいという項目を書いていくところなので、**歓迎条件は必須条
件よりもハードルが高いものになります**。

　ただ、**面接でみる部分は歓迎条件から外してください**。面接でみ
るのは、例えば「当社のミッションに共感している」「コミュニケ
ーション能力がある」「人柄がいい」「素直に吸収できる」といった
ことです。応募者本人が「自分はこういう性格だ」と思っていても、
企業からしたら違う見え方になることもあります。

　なお、**歓迎条件に限らず、定量的ではないものは、応募条件とし
て書く必要は基本的にはありません**。例えば必須条件が「営業経験
がある人」、歓迎条件が「無形商材の法人営業経験がある人」くら
いのイメージです。面接でみる項目を求人票に書いてしまうと、応
募ハードルをわざわざ上げてしまうことにもなりかねません。

これに当てはまる人はほぼ不合格になるというのがNG条件

　NG条件は、**これに当てはまる人はほぼNGだよね、という条件で
す**。もちろん、性別や年齢によるNGなどということは、求人票に
は書けません。

　NG条件は社内向けの目線合わせのために使うものです。ただ、
人材紹介会社の担当者には、求人票に載せないという前提で、「実

● 職種ごとにそれぞれの条件を書き出す

	必須条件	歓迎条件	NG条件
要するに？	・これがないと採用できない！という最低限の条件	・これがあると受かりやすいよね、という加点要素	・これがあるとほぼ不合格になる！というネガティブ要素
例えば？	・無形商材の法人営業経験が2年以上	・できれば○○業界での勤務経験がある方 ・無形商材の法人営業経験が5年以上ある人	・1年間で2社以上退職している人、など

際にはこういう条件で募集しています」とNG条件を伝えることも
あります。

　基本的には必須条件に当てはまらないものがNG条件にそのまま
なるのですが、特にNGになりがちな条件があれば社内の書類選考
基準として共有しておきましょう。

　例えば「営業などの顧客向け業務ではなく社内業務だけの経験の
人」「1年以内で2社続けて退職している人」といった基準です。

条件は増えすぎないように注意する

　求人票などを出して募集する場合には、必須条件はもちろん、歓
迎条件もいろんな要素が盛り込まれがちになることをご注意くださ
い。

　**歓迎条件を8個も9個も書いていると「要求が多いな」と、求職
者や人材紹介会社から煙たがられるので、できれば3個から5個ぐ
らいが、数としてはちょうどいいです。**

　応募数が多いほうが、会社としては採用確率が高まります。その

● 必須条件、歓迎条件、NG条件

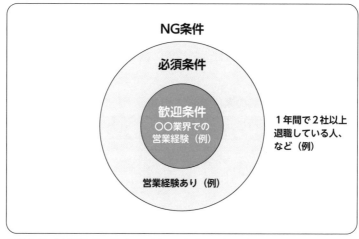

必須条件が書類選考で検討する緩めの条件で、歓迎条件は書類選考ですぐに
合格となるような厳しい条件、NG条件は書類選考では通過しない条件です。

会社に人材が合っているか合っていないかは、結局は面接で判断するのが一番です。また、会ってみなければわからないことは多いので、できるだけ多くの人から応募が来たほうが採用としてベターです。条件を細かく指定しすぎて、わざわざハードルを上げすぎることのないように、注意しましょう。

　いずれにせよ、感覚的に思っている「こういう人を採用したい」という内容を、必要条件と歓迎条件に分けて書き出すことが重要です。逆に「こういう人は採用できない」という内容は、NG条件として社内向けに書き出しておくことで、募集も選考も進めやすくなります。

ワーク

| ワーク1 | 必須条件と歓迎条件を書き出してみましょう |
| ワーク2 | NG条件を書き出してみましょう |

7-2

募集文を読んでもらって反応をみてみる

主観と客観をうまく重ねて募集文をつくろう

 ### 主観と客観のどちらもあるのがいい募集文

募集文を書いたら、さまざまな立場の人に読んでもらい、反応をみてみましょう。社員、家族、知り合いなどからストレートに感想を教えてもらうのがいいでしょう。

募集文は自分たちで書くと、「自分たちはこうしたい」「こんな人求めています」「こういうことが強みです」「こういうことがやりたいです」といった、主観がメインになりがちです。

いい募集文とは、主観と客観の間の重なるところに焦点が当たっているものです。書いた募集文を読んでもらって、「どこがわかりやすかった」「どこがわかりにくかった」「どこに共感した」「どこがいいと思った言葉で、疑問に思った言葉はどこか」「サラっと読んだときにどれが目に入ってきたか」——こういった読者目線の感想をもらいましょう。

求人募集文の当社の事例は以下のようなものです。

マルゴト株式会社の募集文の事例

月額制の採用代行『まるごと人事』を通じて成長企業の採用活動をサポートしています！

これまで350社を超える支援実績があり、継続利用率は95%。ご支援中に上場するクライアントも珍しくありません（客観部分）。

今回募集する職種では、そんなクライアントの成長をそばで支

え、パートナーとして伴走するやりがいを味わえます（主観部分）。

全員がフルリモートワーク勤務で全国35都道府県から働いています。土日祝日休みで平日９〜18時の勤務形態で、平均残業時間も月15時間以内です（客観部分）。

また、ご活躍次第では昇給・昇格が可能です。社内評価制度も整っており、中長期的なキャリアアップに向けて仕事に取り組むことができます。フルリモート勤務なのでライフイベントを乗り越えて働ける環境があります！（主観部分）

良くない募集文の例

募集文は３回書き直すイメージです。１回目は主観的に伝えたいことを書き切る。２回目はスマホや紙で読み直して流れを書き直す。３回目は誰かにみてもらい、客観的に読みやすいかどうかなどの感想をもらって書き直す。という順番でブラッシュアップしていきましょう。

例えば、良くない募集文の事例は次のようなものです。

―――― 良くない募集文の事例 ――――

CX職として幅広い業務をお任せします！
当社のミッションに強く共感してくれる熱い仲間を募集中！

＜具体的な仕事内容＞
・業務オペレーション
・AGTコントロール
・課題改善

＜給与＞
年収300万〜900万

この募集文の良くない点は、以下のようなものです。

・ポジション名のみで候補者がイメージできない
・主観的すぎて興味を持ちにくい
・抽象的で何を指すのかわからない
・経験者しかわからない表現や略語がある
・年収レンジが広すぎる

多くのユーザーがPCではなくスマホから読んでいる

　現在では多くの転職希望者は、スマホから採用の情報を得ています。そのため、**スマホで読まれることを意識して文章を作成していきましょう。** 改行や目に入ってくる情報の順番とか文章の長さ、読みやすさは、スマホとパソコンではけっこう違います。

　そのため、パソコンで書いた文章についても、再度スマホからもチェックしてみることをお勧めします。また文章としての読みやすさをチェックするには、**あえて紙に印刷して、客観的な視点で読む**こともお勧めです。「一文が長すぎるな」「同じことを繰り返し書いているな」といった点に気づくことができます。

　写真の見え方、キャッチコピーの見え方、表示される順番なども、スマホでみると求人媒体によって変わったりします。特に、サラッと読まれたときに何が伝わるかを、チェックしてみてください。

ワーク

ワーク1 作成した募集文を最近入社した社員に読んでもらい、フィードバックをもらいましょう
ワーク2 第三者的な視点で、募集文をブラッシュアップしましょう

● スマホ向けに書いた募集文の事例

○ いい例

▌**カスタマーサクセス職**
顧客企業の採用業務の実施をお任せします。

ご担当いただくのは2～3社です。採用成功に向けて、顧客企業と伴走するポジションです。

企業の採用戦略を元に、求人媒体の選定、求人文やスカウト文のライティング、スカウト数字の改善、応募者対応のフローづくりなどを行います。

採用方針や進め方についてはマネージャーに相談しつつ案件を進めることができます。

▌**歓迎スキル**
・中途採用業務の経験
・新卒採用業務の経験
・エンジニア採用の経験

▌**この仕事の特長！**
・クライアントの8割はベンチャー！
・フルリモートで働く場所を選びません！
・コミュニケーション方法はSlack、zoomを利用！

✕ 悪い例

カスタマーサクセス職を募集しています。顧客企業の採用業務の実施をお任せします。ご担当いただくのは2～3社です。採用成功に向けて、顧客企業と伴走するポジションです。企業の採用戦略を元に、求人媒体の選定、求人文やスカウト文のライティング、スカウト数字の改善、応募者対応のフローづくりなどを行います。採用方針や進め方についてはマネージャーに相談しつつ案件を進めることができます。

歓迎スキルとしては中途採用業務の経験、新卒採用業務の経験、エンジニア採用の経験、のいずれかをお持ちの方を求めています。この仕事の特長としてはクライアントの8割はベンチャーであること。そしてフルリモートで働く場所を選ばないことです。主にコミュニケーション方法はSlack、zoomを利用しています。

独自のビジネスモデルで導入社数350以上ございます。当社は単月での契約が可能かつ定額料金で、面接以外の採用業務をすべて担う仕組みを取っており、業界の中でも珍しい事業モデルとなっております。また、メインターゲットをベンチャー企業に設定しており、コアターゲットに対してサービス展開する事業拡大中の会社です。

● スマホ向けに書いたスカウト文章の事例

スマホでの視認性を意識

【フルリモート人事】にご興味ありませんか？

急成長ベンチャーに特化して月額制の採用代行をしている、マルゴト株式会社の○○と申します。

●●社にて人事としてご活躍されていらっしゃる点に惹かれお声がけいたしました！ 採用特化のRPOでのキャリアを、選択肢のひとつとしてぜひご検討いただけないかと思っております！

▼マルゴト株式会社について

私たちはスタートアップ／ベンチャー企業向けに"まるごと人事"というRPO（採用代行）を提供している企業です。口コミ中心に拡大をしており導入企業数は累計320社、常時100社ほどの支援をしています。

創業当初から社員全員がフルリモートワークで働いており、現在はIT企業の人事出身者や人材業界出身者が活躍しています。

▼お声掛けした背景

直近2年で社員数は60名から151名へと急成長しました。ベンチャー企業の採用代行ニーズが拡大していることやサービスの高い満足度から口コミを中心にご依頼が増えており、企業様にお待ちいただくような状況も発生しています。

採用のノウハウはますます蓄積され、教育や評価もできる体制が整ったところで、今後は事業拡大にドライブをかけるフェーズとなっています。

スマホでの視認性を意識していない

キャリアアップが可能なフルリモート人事にご興味ありませんか？ メッセージを開いてくださり、ありがとうございます！ 急成長ベンチャーに特化して月額制のHR支援をしている、マルゴト株式会社の○○と申します。●社にて人事としてご活躍されていらっしゃる点に惹かれ、ぜひ採用特化のRPOでのキャリアを選択肢のひとつとしてご検討いただけないかと思っております！
私たちはスタートアップ／ベンチャー企業向けに"まるごと人事"というRPO（採用代行）を提供している企業です。クライアントは資金調達したばかりのスタートアップ企業や有名メガベンチャーなど、業界で注目を集めている企業ばかりで、口コミ中心に拡大をしており導入企業数は累計320社、常時100社ほどの支援をしています。創業当初から社員全員がフルリモートワークで働いており、現在はLINE、ソフトバンクなどのIT企業の人事出身者やパーソルキャリア、マイナビ、リクルートなどの人材業界出身者が活躍しています。直近2年で社員数は60名から151名へと急成長しました。ベンチャー企業の採用代行ニーズが拡大していることやサービスの高い満足度から口コミを中心にご依頼が増えており、企業様にお待ちいただくような状況も発生しています。
面談は現場のマネージャーが担当させていただきますが、面接ではなくカジュアルに情報交換も含めて実施できればと思っております！
ひとことで構いませんのでお気軽にお返事くださいませ！ すぐに日程の調整をさせていただきます。

7-3

職種名を変えることで
採用がうまくいくことも

職種名にはクリエイティブな要素が含まれている

職種名を変えるだけで応募が一気に増えることも

実は**職種名を変えることで、伝わりやすくなったり、魅力が増し
たりすることがあります**。例えば、次のようなケースです。

> プロジェクトマネージャーとして募集していた会社の業務内
> 容をよく聞くと、営業担当のサポートがメイン業務で、時短勤
> 務の女性が多く活躍していました。そこでプロジェクトマネー
> ジャーではなく、「営業事務」という一般的な職種名に変更を
> しました。その結果、ターゲットに近い人からの応募が増えま
> した。

また営業職も、提案する商材によって営業の仕方が違います。「ル
ート営業」か「新規営業」によって、働き方は大きく変わります。
1社ごとに商品やサービスをカスタマイズして提案するなら「コン
サルティングセールス」などの職種名で募集してもいいでしょう。
逆に営業職でも顧客からみたら営業と思われていないケースもあ
り、その場合は「ITサポート担当」とか「IT相談員」など、顧客
からみてわかりやすい名前にしてみてもいいかも知れません。

職種名はクリエイティブな要素もある

顧客支援の部門の募集については、「カスタマーサポート」と名
づけて募集しているケースが多いのですが、これですと、コールセ

ンターなどの求人に埋もれてしまうことがよくあります。そのため、ただのサポートではなく、顧客の成功を支援するという意味で「カスタマーサクセス職」というような名称で募集するケースも増えてきました。また、会社として一番打ち出したい働き方をそもそもの職種名にするケースもあります。例えば、当社の場合はフルリモートで働ける採用業務の仕事なので、「フルリモート人事」という職種名で募集をしています。

実は**職種名は自由度が高い、クリエイティブな部分**です。ぜひ自社に合った職種名をそれぞれ考えてみてください。

役職名はむやみに最初から付与しないようにする

なおベンチャー等においては、入社したばかりの1人目のエンジニアに、いきなり「CTO」などの役職名をつけることがあります。

しかし、このように、**入社当初から役職名を付与するのはお勧めしません**。CTOという役職は、基本的に1人にしかつけられないためです。最初に雇った人をCTOとして職位につけた場合、より良い人が現れてCTOとして採用できそうなときや、その人が力不足だったときに、役職の調整をするしかなくなります。

すでにCTOになっている人にその役職から外れてもらうのはかなりエネルギーがいるので、そういう役職名はすぐにはつけずに、組織が大きくないうちは空けておいたほうがいいのです。

入社段階で役職につけるのは、あくまで最高にいい人材を採用するときの切り札と考えておくといいでしょう。

ワーク

ワーク1 自社で募集している職種をより魅力的な名称にできないか、考えてみましょう

ワーク2 自社の強みを職種名でうまく表現できないか、考えてみましょう

7-4

ターゲットからみた 「応募理由」をつくる

ターゲットは何を得たくて応募してくるのかを考える

 ### 自社の何に魅力を感じて応募してもらいたいか？

候補者からみた、自社の魅力的なポイントはどこでしょうか？たくさんある企業からわざわざ応募をしてもらうためには、応募理由を候補者に見出してもらう必要があります。できれば採用の募集文をつくる時点で、**候補者目線からの応募理由になりそうな内容を意図的に企業側からつくってあげると、募集に応募が集まりやすくなります。**

 ### キャリアアップやキャリアチェンジを打ち出す

結局は**キャリアアップやキャリアチェンジの視点で自社の魅力を伝えるのが、転職希望者に対する応募文章としては刺さりやすいです。**転職しても現状のままの条件や職位で、現状のままの仕事内容であれば、わざわざ転職をしようとすることも応募することもないからです。

キャリアアップなら、「役職を上げる」「年収を上げる」「福利厚生を上げる」「裁量権を上げる」などです。

キャリアチェンジなら、「業種を変える」「職種を変える」「働き方を変える」「会社規模を変える」などです。

 ### 何を得たくて転職してくるのかを分析する

これはつまり**「ターゲットからみた応募理由をつくる」**ということです。結局、たくさんある求人票のなかで、求職者からみたとき

に応募する魅力がない会社は、人を集められません。

「自社のどこに魅力を感じているのか」というのを求職者が自ら発見してくれるのは、もちろん理想的です。ただ、**企業側から「こんなキャリアにしていきませんか？」「こんな働き方をしませんか？」などの応募理由となる要素を提示してあげるほうが、多くの人に伝わるものになります。**

例えばターゲットからみた応募理由を企業側がつくったマルゴト株式会社の事例としては、下記のようなものです。

▶ **ターゲット：事業会社の人事担当者**

> 人事を数年経験しているが我流になることも多い。「これで合っているのか？」と不安を抱きつつも教わる人がいないまま業務をしている。

▶ **募集文：チームで教え合いながら、複数社の採用ができます！**

> 複数企業の採用に携わるため、経験できる内容と成長スピードが違います！　人事経験者・人材業界の経験者が社員の半数以上を占めており、採用のプロを目指す仲間とチームで学び合いながら働ける職場です。

ワーク

ワーク1 自社のどこに魅力を感じて応募してもらいたいのか、考えましょう

ワーク2 応募理由を、意図的に募集文の中に入れましょう

募集文に関する失敗事例

ちぐはぐな印象の募集文になってないか？

よくある失敗 ▶ 文章や打ち出し方の統一感がない

　中途採用活動において、同じ会社内でも部署によって採用に関する文章の打ち出しがばらばらなことがあります。こうなると会社としての統一感がなくなり、求職者にとって混乱を招くことになります。

　複数の部署がそれぞれ異なる方針やスタイルで情報を発信していると、どういう会社なのか、どのような文化を持っているのかといった企業イメージが曖昧になり、求職者の興味を引くことが難しくなります。

　例えば同じ会社の募集文でも、次のように違った打ち出し方になることがあります。

- 営業部門では「熱い人集まれ！　急成長中の新規事業でセールスメンバーを募集‼」
- エンジニア部門では「フルスタックエンジニア募集。自由な働き方です」
- 管理部門では「経理財務 / 残業なし / 土日祝休 / 年間休日120日以上」

　このような募集文が並んでいる場合、求職者からみて、どれがその会社のカラーなのかが、わからなくなります。

このようなチグハグな印象を解消するために、企業全体で求人広告や採用ページの文体やデザインについてのガイドラインを策定しておきましょう。また、最終チェック担当をつくることで、その担当のチェックが入ってから公開されるようなフローにしておくこともお勧めします。

　採用担当者と広報担当者が連携を密にし、情報発信の方針や内容について定期ミーティングを行いましょう。これにより、各部署がそれぞれ独自の方向性を持たないように注意しながら、採用活動を進めることができます。

第8章

ターゲット人材に届く
スカウト文章作成術

〜個別アプローチで採用確率を
上げる方法を徹底紹介！〜

スカウト文章とはどういうもの？

直接企業が候補者にメッセージを送る

採用におけるスカウトとは、ビズリーチ、Wantedly、Greenなどのスカウト媒体として提供されている転職サイトやSNSで登録している個人に対して、メッセージを送ることです。直接、候補者にアプローチをすることから、「**ダイレクトリクルーティング**」と呼ばれることもあります。

● 採用企業から個別にスカウトを送ることも一般的に

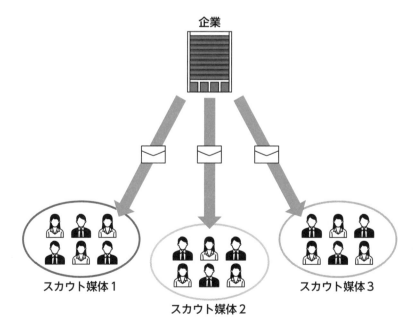

応募をもらう形ではなく企業からメッセージを送る形なので、求人媒体の仕様もデータベースの形に近いです。本書では主に求人媒体を使った採用方法を総称して「スカウト」と呼ぶことにします。

　スカウト媒体への費用としては、1通あたりいくらというようにスカウト数を購入する場合と、スカウトを通じて採用が決まった際にいくら支払うという成果報酬の場合があります。

スカウトはテレビ通販

　採用活動におけるスカウトは、テレビ通販に似ています。テレビ通販のように、**もともと興味なかった人に興味を持ってもらって、「行動」にまで移してもらうことが目的**だからです。

　「〇〇にお困りのあなた、今ならこんな商品があります！」というようなイメージで「こんなことに悩んでいませんか」「困っていませんか」などと、転職希望者のキャリアの課題を提示して興味を引きます。

　その課題に対して、「当社だったら、こんな形であなたの悩みを解決できます」「当社に入れば、こんな成長の機会があります」「こんなチャンスがあります」「こんなことを経験できます」「こんなスキルが身につきます」などと端的に伝えることが大事です。

スカウト文章は「想い」が大切

　また、**スカウト文章は淡々と事実や情報を伝えるよりは、自分たちの想いや「本当にいい仕事なんだ」という熱量を、文章にも乗せたほうがいいです。**

　淡々と条件だけを書いても、求人票と同じような文章になってしまいます。個別に送る文章だからこそ、メールやSNSでのメッセージのように、口頭で話す文章に近い形のほうが伝わります。

　よくスカウト文章はラブレターなどといわれますが、会ったことがない人にラブレターを書くのはかなり難しいものです。

　感情を込めて書くという意味では、ラブレターという表現も参考

にはなります。また、ドライになりすぎず「ぜひ一度お話してみたいです！」という想いを伝えるスカウト文章もいいと思います。

　ただし、ビジネスパーソン向けであるスカウト文章には、「こういうことにお困りではないですか」「こういうことが当社ではできます」という、もともと興味なかった人に興味を持ってもらって、行動にまで移してもらう要素が詰まった、テレビ通販のほうが参考になると考えています。

　求人票を貼りつけただけのスカウト文章では返信が来ません。相手の行動を促すようなメリットや想いを込めたスカウト文章をつくってみてください。

ワーク

ワーク1 スカウトでは、求職者が感じている課題とその解決策を端的に伝えましょう

ワーク2 同時に、自社からの「想い」が伝わるような文章になっているか、確認しましょう

スカウト文章では
「特別感」を伝える

「あなたに」向けたメッセージを出す

　スカウト文章は、テンプレートでなく、個別向けの特別感を出すことが大事です。「あなたに」というメッセージを伝えることを意識して書きましょう。テンプレだとメルマガや迷惑メールの位置づけになってしまい、求人票を送りつけたような形になってしまいます。

　私自身も、以前に転職サイトに登録していたことがありますが、タクシードライバーや飲食店の店長求人のスカウトが来て、「自分のどこをみてスカウトを送っているのだろう」と思ったことがあります。これはスカウトとしては良い形ではありません。

返信率の高いスカウト文章の例

　返信率の反響の高さを狙えるスカウト文章の文面とは、例えば以下のようなものです。

▶ 【直近3年間で成長率500%のFintechスタートアップ】社長直下の1人目広報としてご活躍いただけないでしょうか？

➡ 「成長率」と表現すれば売上や人数など数字のインパクトがあるものがいろいろと使えます。「社長直下」「1人目」「社内初」などの表現も訴求力あります。

▶ 【あなたの○○経験に興味があります！】●●分野に挑戦してみ

第8章 ターゲット人材に届くスカウト文章作成術

ませんか？

　➡冒頭（○○）に候補者の具体的な経験や実績を記載し、タイトルだけであなたのレジュメをちゃんと見ましたと伝える。

▶「解約率を20％から５％まで改善されたご実績を拝見し〜」
　「インサイドセールス部門の立ち上げ経験を拝見し〜」
　「１年目から予算比200％を達成されたご実績を拝見し〜」
　「史上最年少でマネージャーに抜擢された高い営業力を拝見し〜」
➡スカウト文章の最初のほうに、上記のように相手のプロフィールに書いてある内容の中で、魅力に感じたことを書いておく。

👤 タイトルに入れるとキャッチーな文言

・【フルリモート】【フレックス勤務】【副業OK】：働き方の自由度を示すキーワードの検索数が増えているため。

・【IT業界へキャリアチェンジ】：別業界からのキャリアチェンジを積極的に受け入れする場合は安心感を持ってもらえるので有効。

・【○億円の資金調達済み】：マーケティング、事業開発などの職種に刺さりやすい。資金的にいろいろチャレンジできる環境だと感じてもらう。

・【市場規模約○兆円】【ブルーオーシャンを開拓】：営業職としての可能性の大きさを訴求。

・【未経験歓迎】：経験がなくても学びながら活躍できる職場だという安心感を訴求。

👤 相手のプロフィールに触れて文章を書き始める

　スカウト文章は「自分のプロフィールを読んでくれた」という印象を、求職者に感じてもらうことが何よりも大切です。

　「こんな会社でこんなことをご経験されたんですね」「この実績は当社が今後取り組んでいくプロジェクトに求めるものと近いと感じました」「希望職種や今後のやりたいことをみて当社が合うのでは

ないかと思い連絡しました」といったような内容です。「大学や出身地が一緒ですね」などというのでも構いません。**スカウト文章が「自分に向けて書かれている」と思ってもらえれば、求職者の立場からみてもスルーしにくく、何か一言でも返信したくなります。**

なお、スカウト文章の会社紹介や事業紹介の部分は、相手によって変わらないので、同じ文面でも問題ありません。

フランクな言葉にするのも1つの手

また、特に20～30代の候補者に対してスカウト文章を書く際には、少しフランクな、話し言葉に近い文面を意識してみてもいいでしょう。例えば「○○という共通点を見て、思わずメッセージしてしまいました！」とか「MVPを受賞されていて純粋に"すごい！"と感じました」など、フランクな文章にすることもあります。

むしろ「貴殿は」「小職は」「益々ご清栄の段」などと改まった言葉を使うと、スカウト文章を読んだ求職者は距離を感じてしまいかねません。

ワーク

> **ワーク1** 候補者のプロフィールを読んで、その内容をスカウト文章の文面に入れましょう
>
> **ワーク2** スカウト文章に、自社の魅力が伝わるキャッチーなコピーを入れましょう

8-3

スカウト文章は網羅しようとせず「要点」を書く

自社の強みと相手のメリットを簡潔に記そう

 ### スカウトの文章は長くなってはダメ

スカウト文章は「結局何を伝えたいですか?」に答えられること が大事です。できるだけ多くのことを伝えようとすると、ダラダラ 長くて条件が羅列された、読みにくい文章になってしまいます。

スカウト文章を書くうえで最も重要な前提は「もともと興味を持っ てくれてない人に、興味を持ってもらう」ということです。その ため、**自社について何か1つでも興味を持ってもらう、振り向いて もらうことがスカウト文章の目的になります。**

すべてを網羅して伝えようとするのではなく、情報を削りに削っ て「これだけ伝わってほしい!」という要点に絞って送るようにし ましょう。

この場合の要点とは、「**自社の強み+相手のメリット**」です。「当 社はこんなことをしている会社です(自社の強み)。あなたはこん な経験を得られます(相手のメリット)」というスタンスで書くこ とが大事なのです。

なお、要点は「いい会社です」などと漠然と書いても伝わりませ ん。「入社から2年以内で昇格した人が10人以上います」「こういっ た経歴の社員がたくさん活躍しています」「20代でも○百万円以上 稼げます」など、具体的な事実とその根拠や事例を出していくこと で、説得力が上がります。

「これだけを伝えたくてメッセージしました」というようなスカ ウト文章を送る場合に、詳細については「詳しくはこちらの求人票

202

もみてください」「こちらのインタビュー記事もみてください」などと、別の記事で読んでもらえるように案内することもできます。すべてを伝えるのがスカウト文章の目的ではありません。あくまで興味を持ってもらう入り口だということを意識してください。

👤 相手の課題に応えられるような内容にする

相手の経歴や状況から想定しうるキャリアに関する課題をイメージしながら書き、そこへの解決策を示していくと、さらに強いメッセージのスカウト文章になります。このような**「課題解決型」のスカウト文章**を作成することも、良い手法です。

例えば、課題解決型のスカウト文章とは、次のように、相手の課題への解決策を提案するものです。

- ・上司が嫌だ→自由に仕事ができる
- ・業務範囲が狭い→裁量権がある
- ・忙しい→プライベートを充実できる
- ・営業現場が大変→マネジメントができる
- ・給与が上がらない→給与が上がる
- ・スキルがほしい→スキルが身につく
- ・規模が大きすぎる→適度な規模で小回りが利く

具体的なスカウト文章にすると、次のような文面になります。

> 「『組織の動きが遅い』と感じながら働くより、少数先鋭ベンチャーで思いっきり活躍してみませんか?」
>
> 「忙しい営業現場の経験をもとに、Webマーケターとしてオンラインで商品を売る会社で働いてみませんか?」

また、よく使われる訴求ポイントとしては、次のようなものがあ

ります。

- 働き方
  └リモートワーク、フレックス勤務可能、裁量が大きい、残業が
  少ない、副業OK
- 事業フェーズ
  └1人目○○（○○内には広報、マーケティング担当、人事、エ
  ンジニア、デザイナーなどの職種が入ります）、立ち上げ期、
  シリーズA/B、0→1、10→100、上場企業で安定
- 事業の魅力
  └今後の成長性、市場の大きさ、売上の大きさ、業界内のポジシ
  ョン、アワードなどの受賞歴
- 給与、待遇
  └前職時の給与保証、業界内での給与水準の比較、インセンティ
  ブあり、ボーナスあり、ストックオプション付与
- キャリアアップ
  └評価制度、表彰制度、昇給昇格実績
- キャリアチェンジ
  └未経験OK、他業界・他職種からの転職OK、学べる環境あり
- 一緒に働く社員
  └実績の多さ、スキルの高さ、知識の多さ、メンター制度
- 仕事のやりがい
  └活躍する社員の入社理由・経歴、仕事のやりがいなどの感想
- イシュー
  └会社が抱える課題を改善する必要性や面白さ
- カルチャー
  └バリュー浸透度、社風、経営層との近さ、風通しの良さ

相手にネクストアクションを提示する

スカウト文章の文面の後半では、相手にネクストアクションを提

示することが大事です。

　「まずはざっくばらんにオンラインで面談しませんか」「一度オフィスに遊びに来てみませんか」「弊社の代表と話してみませんか」「1回情報交換を兼ねてランチに行きませんか」などのネクストアクションを提示しないと、相手が「ちょっといいかも」と思ってもらえたとしても、次にどう動けばいいのかわからないからです。

　アクションを提示する際のポイントは、「スマホからレスができるようにすること」と「相手にどう行動すればいいかが一瞬でわかること」です。

　例えば「ぜひご検討の程よろしくお願いします」とこちらが書いて、本当に検討だけされても困りますよね。相手はどう行動すればいいのか、迷いながら考えて返信をすることになります。

「オンライン面談の候補日を送ります」などがベスト

　具体的には「『興味あります』と一言だけでもご返信いただければ、その後、面談の候補日程を当社から送らせていただきます」「オンライン面談の時間を選択できる日程調整URLをお送りします」「一度、オフィスに遊びに来ませんか？　ご興味がある場合は候補日程をいくつか送りますね」というように、**候補者が次に何をすればどのように選考に進むかがはっきり示されている**といいです。つまり、スマホから一言「興味あります」とだけレスをもらえることをゴールとして文章を書くと、反応率が上がります。この部分を書いてないと反応率が下がるので気をつけてください。

ワーク

ワーク1 スカウト文章では、「自社の強み＋相手のメリット」を端的に書きましょう

ワーク2 スカウト文章の最後で、相手にネクストアクションを提示しましょう

自社に驚かれる数字はあるか？

小さな会社ほど、成長率などの割合でアピールができる

👤 「伸びています」よりも「去年の2.5倍成長しています」

　自社のことを「いい会社です」と漠然と伝えるよりも、実際の数字で示すほうが説得力があります。

　「風通しのいい会社です」「伸びています」とひたすら伝えるよりも、「去年の2.5倍売上が伸びています」「顧客満足度95%です」「年間〇件受注しています」「離職率は〇％で低い水準です」などと、**具体的な数字で出すことが大事**です。

　数字で表せるものは、例えば、企業の年数、件数、時間数、成長率、生産性、社員数などです。

● 具体的な数字を入れるとグッと伝わりやすくなる

前年度250％成長で拡大中！ 創業から３年間で100社の導入実績あり。 組織規模を２倍成長に向けて採用拡大中！	急拡大している成長企業です！ 顧客数も右肩上がりです。 まだまだ企業として拡大を目指しています！

👤 驚かれる数字として何があるのかを考える

　「自社の何が驚かれる数字なんだろうか？」ということは、自分

たちで見つけるしかありません。いろんな切り口で自分たちの魅力やすごさを見つけてほしいところです。

　小さい会社や新しい会社では出せる数字がなかなかないかというと、そうでもありません。**小さい会社ほど「当社の成長率は前年比200％」「社員数が１年で２倍」などと打ち出しやすい**からです。この場合は、売上高などの金額より、割合（％）で表すとインパクトが出ます。「この会社は数年後に大きく成長していくのではないか」という可能性が伝わるような数字を示していきましょう。

　逆に**大企業や歴史のある中堅企業に関しては、金額や件数、実績値などの絶対値のほうが、数値としては打ち出しやすい**です。例えば「10万件の導入実績あり」「創業から30年」「社員数が500人」などといった表現です。

　大企業・中堅企業には、歴史やいままで積み上げてきた実績に関しては、新興企業には太刀打ちができない強みがあります。

　一方でこれからの将来性や、新しい取り組みが生まれていくのかどうかも懸念されると思うので、**数字と同時にこれからの未来の話も記載もしておくと、バランスの良い打ち出し方になります。**

ワーク

> **ワーク１** 自社の、驚かれる数字を１つ見つけてみましょう
> **ワーク２** いくつか見つけたら、その中で魅力的なものをスカウト文章に入れましょう

スカウト文章の構成の具体例

入れるべき要素をきちんと入れて文章をつくろう

👤 スカウト文章に入れるべき要素

　ここでは、スカウト文章の構成として一般的なものを例として挙げておきます。全体を通してペルソナを意識しつつ、下記の流れで作成してみてください。

①なぜスカウトしたのか
②会社説明（競合他社との比較や業界での位置なども）
③会社やプロダクトの魅力
④募集背景
⑤具体的な業務内容
⑥訴求ポイント
⑦明確なネクストアクション

　それぞれの要素を入れたスカウト文章の構成例は、次ページのようなものです。

ワーク

ワーク1 スカウト文章に入れるべき要素がきちんと入っているか、確認しましょう

ワーク2 抜けている要素があれば、修正して網羅するようにしましょう

● スカウト文章の構成イメージ

はじめまして。ベンチャーに特化して月額制の採用代行をしている
マルゴト株式会社代表取締役の今啓亮（こんけいすけ）と申します。

① ○○様のご経歴を拝見し、弊社のフルリモート勤務の採用マネージャー職を、キャリアアップの選択肢の一つに入れていただきたく、お声がけさせていただききました。今後、人事の仕事スキルを向上されていきたいとのことですが、弊社でなら理想のキャリアを築いていただけると思っております。

② 私たちは"まるごと人事"というRPO（採用代行）を提供している企業です。数々の有名ベンチャー／スタートアップ企業にもご利用いただいており、直近1年間ではご支援企業のうち4社が上場するなど、クライアントの事業成長にダイレクトに貢献できている自負があります。

③ 「フルリモートワークで正社員」という働き方が自立した方々にとても喜ばれ、現在は人事経験が豊富な採用マネージャーが集まる会社となりました。通常では1社に1人しかいないような人事経験者や人材業界の経験者が60名以上集まっている【最強の採用チーム】として切磋琢磨しています。

④ 企業の中途採用を成功させたいニーズから、直近5年間で社員数ゼロ名から150名へと当社も急成長しました。一方、チームを牽引していける採用マネージャー職のポジションはまだまだ足りない状況です。メガベンチャーや地方優良企業や医療機関などの採用ニーズも高まっていることから、組織拡大に向けて○○様のような採用のご経験が豊富な方を求めています。

⑤ 具体的には各採用プロジェクトを3〜5名ほどのメンバーと一緒に、5〜10社ほどの担当クライアントを持って推進していただきます。ベンチャー企業の採用パートナーとして、採用の戦略から実務の推進まで、面接以外の採用業務の代行を進めていただきます。

⑥ 弊社からは下記のような環境をご提供することが可能です！
・有名ベンチャー複数社の採用を同時に担当でき、採用のプロとしてスキルアップができる
・候補者対応などのオペレーションはメンバーが実施するので上流部分に注力できる
・フルリモートワークなので場所を選ばず働くことができる
・評価制度が明確で、昇給と昇格を目指すことができる

⑦ ビジョンや実際の働き方など、まだまだお伝えしたいこともたくさんあるので、ぜひ一度オンライン面談でお話しできないでしょうか？ いますぐの転職ではなくても全く問題ございません。お気軽に「少し興味あります」という一言だけお返事をいただければ嬉しいです。
ご返信のほど、どうぞ宜しくお願い致します！

====
マルゴト株式会社
代表取締役 今 啓亮（こんけいすけ）
サービスサイト：https://marugotoinc.jp/
採用ピッチ資料：https://marugotoinc.co.jp/full-time/
代表Twitter：https://twitter.com/konkeisuke

第**8**章

ターゲット人材に届くスカウト文章作成術

8-6

送信数と返信率のどちらも大事

数を増やしてから質を上げていくのがベストなやり方

最初は「送信数」が大事

スカウト文章に関しては、「返信率が何％であったか」にこだわる企業が多くなりがちです。ただ、特に最初は送信数がすごく大事です。**スカウト文章は、結局は面談数を上げるための方法なので、最初はあまり返信率にこだわりすぎず、面談数が目標に達しているかどうかを意識しましょう。**

20通送ったスカウト文章の返信率が5％だとしましょう。この場合、返信率を8％や10％に上げようとするよりも、シンプルに2〜3倍の40〜60通を送ったほうが、結果的にはたくさん面談ができます。送信数を増やすことは自社でも頑張ればできますし、スカウト文章の作成、送信、ブラッシュアップができる採用代行会社に依頼することもできます。

返信率は少しずつ改善していく

ただ返信率も大事であることは変わりません。スカウト文章は、送った分だけお金がかかるケースが一般的です。

「この職種の返信率は高いからこのままの文面でいこう」「この職種は送信したいターゲット人材が少ないから、個別にカスタマイズしてさらに丁寧に送っていこう」「返信率が低い職種は、送信しているターゲットを見直してみよう」「スカウト文章の文面をさらに読みやすくできないかチェックしよう」など、**小さな改善を続けることで返信率が上がっていきます。**

 新規登録者に送るメッセージは特に効果的

　なお、スカウト文章に関しては、**転職サイトへの新規登録者に送ったメッセージはきちんと読んでくれる傾向にあります**。特に、求職者がその転職サイトに登録してから受け取る最初の10通に入れば読んでくれる確率が高いです。タイムリーなアプローチも返信率に関係してくるのです。

　まずはスカウト文章の量を増やし、返信率という質の部分は常に試行錯誤して改善していくのがお勧めです。

● 送信数を増やしてから返信率を上げる

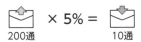

ワーク1 まずはスカウト文章の送信数を増加させましょう

ワーク2 そのうえで、返信率を上げるために細かい点を改善していきましょう

スカウト文章の返信率が低いときの対処法

分析して改善策を練っていこう

現状分析から始める

　スカウト文章を送っても返信率が低いときには、まずは現状分析を行います。

　まずは、何通送って何人がメールを開いてくれたのかという「**既読率**」を確認しましょう。これが30％以下であれば低い状況なので、「そもそも媒体にログインしていない非アクティブ層に送っている可能性がある」「送る相手のレベル感がズレている」「開きたくなるタイトルになっていない」などという点を考察していきます。

　次に、既読した人が何人返信をくれたのかという「**返信率**」をみていきます。ここが5％以下の場合は低い状態なので、「文章が読みにくくないか」「相手のネクストアクションが書けているか」「ターゲットに提示したメリットが刺さっていないのではないか」など、スカウト文章自体を分析していきます。

採用ターゲットの見直し

　スカウト文章に限らず採用募集に失敗している場合は、求人媒体の対象者が適切なのかどうかを見直す必要があります。掲載媒体でターゲットに到達できているか、活用している媒体にターゲットが存在するのかを再度分析します。

　また、検索条件の見直しも行います。スカウトを送付している対象者の検索軸が適切ではない可能性もあります。このように、**ターゲットや検索条件を見直すことによって、対象範囲を修正すること**

が**大切**なのです。

 ## 募集文・求人票・会社情報の見直し

　ターゲットを細かく設定し、共感され刺さる文章になるよう、何度も修正することで、自社が求めている人材に強くアピールすることが可能になります。スカウト文章の見直しのほかに、そこから先の求人票や会社情報の文章も、合わせて見直しましょう。

● 返信率の低いスカウト文章の見直し方法

運用	スカウト文・求人内容	ターゲット

考えられる原因

・ピックアップしてから送付までに時間がたってしまっている ・リアクション期待値が低い人に送っている	・スカウト文が長すぎる ・ターゲットに訴求できていない（訴求ポイントがずれていたり、未経験者向けに専門用語を多用していたりする） ・必要な情報が入っていない ・テンプレ感がある	・求める人材と提示できる条件に乖離がある ・ターゲットにとって、転職メリットがない（求める条件が高すぎる） ・レジュメから必須条件が読み取れない人をすべて除外している

改善策

・ピックアップ当日に送信ができるフローに改善。最低でも3日以内に送付する ・ログイン日数は1週間以内が理想→スカウト文を変えるよりもHotな人材に送付できるかが重要！	・訴求ポイントを再構築。切り口を変えて、ABテストしてみる ・求人を見て返信するかどうかを決める人が多いため、条件面などの記載もしっかり見直しましょう	・要件と条件がミスマッチしている場合は、率直に市場感を伝えクライアントとすりあわせしましょう（エージェントも巻き込むと◎） ・スカウト送付段階で絞りすぎないように現場を説得することも人事の仕事です

ワーク

ワーク1 スカウトメールの既読率が30％以下、返信率が5％以下になっていないか確認しましょう

ワーク2 返信率改善のため、採用ターゲットや検索条件の見直しをしましょう

第8章

ターゲット人材に届くスカウト文章作成術

スカウト文章に関する
失敗事例

片手間でやっていては結果は出ない

よくある失敗 ▶ **スカウトにかける時間が取れない**

採用担当者がほかの業務で忙しいため、十分な時間をスカウト活動に割けず、結果的に適切な求職者へのスカウトが行われていないことがあります。スカウト活動が不十分だと、採用の機会を逃すリスクが高まります。

対策としては、採用活動の優先順位を再考し、スカウト活動に必要な時間を確保してください。ほかの業務との兼ね合いを考慮し、そのポジションの採用担当者が定期的にスカウト活動に取り組める状況をつくることが重要です。目安となるスカウト数は媒体にもよりますが、ほしいポジションに対してまずは50通は送りましょう。週次で30通、月次で120通を下回っている場合も、成果が判断しにくいので、活動量の見直しが必要な場合が多いです。

採用チーム内で情報共有や連携を強化し、効率的なスカウト活動を実現してください。チームメンバーが持つ情報やリソースを共有することで、より効果的なスカウトが可能になります。

工数を安定的に確保することが難しければ、採用に関する業務を採用代行会社にアウトソーシングすることも検討してください。採用代行会社は職種ごとのスカウト文章を作成し、各求人媒体の特徴も踏まえて、各候補者にカスタマイズした形でスカウトを送ってくれます。何より企業の繁忙期や社内行事などに左右されずに、毎週スカウトを送り続けてくれるので、面接数の安定的な確保につながります。

第9章

入社したいと
思ってもらえる面接術

～面接官も見られる側にいる！～

9-1

採用活動で面接をする
目的を整理しよう

面接の目的は「見極め」だけではない

👤 面接をする2つの目的

　面接とは候補者とまとまった時間をかけて話すことで、**質問や会話を通じて「見極め」と「意向上げ」の2つを行う**活動です。

　「見極め」としては職務経歴書だけでは判断することができない実際のスキルチェック、人柄チェック、コミュニケーション力の確認などをしていきます。応募がたくさんある会社の場合は、見極め要素が強い面接を行っています。

　ただ**中小・ベンチャーであれば良い候補者であるほど内定を出した後に内定承諾をもらう必要があるので、見極めもしつつ応募意思を高めるための惹きつけ要素が高い面接にする**ことを意識しましょう。

● 面接の目的とは？

　「意向上げ」については、自社の紹介を行ったり、自分の入社動機ややりがいを語ったりするなかで「この会社で働きたい！」と思ってもらうことです。

面接ではなくカジュアル面談から始めることも

　特にビジネスSNS、キャリアSNSのWantedlyやLinkedIn、YOUTRUSTなどで募集を行った場合は、まずはカジュアル面談からスタートすることが多いです。**カジュアル面談とは見極め要素がほとんどなく、お互いの自己紹介や会社紹介を行いながらざっくばらんに話をすることです。**カジュアル面談は面接ではなく会社を知ってもらう時間なので、志望動機は聞かないことや、不合格などの通知は出さないことに注意してください。なお、カジュアル面談については、9−3（221ページ）で詳しく解説します。

 ## 面接は、働き手が会社を選ぶ機会でもある

　受けた人が入社したくなるような印象の良い面接をするように心がけましょう。面接は、会社が働く人を選考すると同時に、候補者が会社を選ぶ機会でもあります。そのため、**候補者がこの会社がいいと思えるように、会社側は情報提供をして丁寧にサポートしてあげる必要があります。**

　一次面接の時点で「どういう軸で仕事を探しているんですか？」「なぜこの業界を選んだんですか？」「転職活動を始めたきっかけは何かあるんですか？」「どんな会社があったら転職したいと考えていますか？」——このような**本人が考えている選択肢を確認しつつ、その選択肢に自社も加わるようなイメージで会社の魅力を伝え、最善だと思ってもらえるアプローチで話す**のが、いい方法です。

　面接官が高圧的になり過ぎないことや、細かい質問にもきちんと回答してあげることなど、コミュニケーションの基本が求められるのはいうまでもありません。

　さらに、二次面接や最終面接になるにつれて、ほかにいいと思っている会社があるかどうか、他社と比べて当社にはどんな点が優れていると感じているか、入社にあたっての懸念材料などを聞きながら、営業のクロージングや契約を取るイメージで、意思決定まで持

っていくことも、望ましい流れです。

実は営業が得意な人は採用の面接も得意です。初めて会う人に対してアイスブレークをして、ヒアリングしつつ相手のニーズを探り、自社のメリットをわかりやすく伝えて、意思決定まで持っていくという点で、面接と営業は流れがかなり似ているのです。

面接官の態度で候補者の印象が決まる

面接官の印象も大事です。実際の言葉のやり取りもそうですが、**視線、姿勢、表情、あいづち、うなずきなどの態度で、好印象か悪印象かが決まります。**話す言葉だけではなく、面接官の態度もチェックをしておきましょう。

面接官の印象を実際に知るため、場合によっては面接の場に人事担当者が同席して、面接時の面接官の様子についてフィードバックをすることで、本人が気づきにくい点も改善していきます。なお、オンライン面接であれば候補者の方に「社内記録用に録画させてもらってもいいでしょうか」と許可を取ったうえで、録画をして面接官へフィードバックをすることもできます。

候補者の気持ちに寄り添ってあげることも面接官のスキル

特に初めての転職活動をする人にとって、面接は怖いものです。

採用する側はたくさん面接するうちの１人かもしれませんが、転職する側にとっては人生を左右する大事な仕事が決まる局面です。不安や心配になるの気持ちに寄り添ってあげることが大切です。

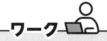

> **ワーク1** 面接では、相手に合わせてこちらからも積極的に情報提供をしましょう
> **ワーク2** 面接官が候補者にどんな印象を与えるかを、客観的に把握しましょう

9-2

面接は「会話型」で進めよう

尋問のような面接にならないように

  悪い面接は尋問型、良い面接は会話型

面接のスタイルは、相手の回答に触れて追加質問する「会話型」がいいでしょう。

慣れてない面接官は、過去の業務内容や転職理由、年収について、一問一答で聞き出しがちです。つまり、1つの質問が終わると「では次の質問は〜」と進み、淡々と尋ねてしまいがちなのです。その結果**「尋問」のような面接になってしまい、候補者が萎縮してしまいます**。

このような尋問型の面接では、候補者が事前に回答を準備してし

● 面談は会話型で進めよう

尋問型の面接	会話型の面接
はい、では簡単に自己紹介してください。	はい、では簡単に自己紹介してください。
XXと申します。現在はXX県に住み、新卒で入社したXX会社にて勤務しています。	XXと申します。現在はXX県に住み、新卒で入社したXX会社にて勤務しています。
ありがとうございます。それでは、経歴について教えてください。	新卒からずっとXX会社で働かれているんですね。XX会社でされてきたことについて聞かせていただけますか?
XX社に入社し、XX年からXX年までXX部署にて勤務し、XX年にマネージャーに昇格し…	XX年からXX年までXX部署にて勤務し、XX年にマネージャーに昇格し…
ありがとうございます。次に、志望動機を聞かせてください。	マネージャーとして勤務されていた時に起こった問題はありましたか? そのときの対応について聞かせてください。
御社を志望した理由は3つありまして、1つ目は…	XX部署でXXという問題があり、そのとき…

第9章 入社したいと思ってもらえる面接術

219

まうため、本音が聞き出せませんし、仕事上の具体的なエピソードなども引き出せません。

会話型の面接をするポイント

一方、良い面接は会話型で進められます。

例えば、「もし〇〇な状況が起きたら、どのように対処しますか？」「もし顧客が△△と言ってきたら、どのように対応しますか？」というようなケース質問を投げかけ、それに対して候補者との受け答えを繰り返しながら、**面接を進めていくような形です。**

会話型で深掘りしていくことで、候補者が表面的に準備してきた話を聞くだけではなく、意思決定の仕方やその分野において実践的な知見を持っているかどうかがわかります。

また、**尋問を避けるためには、相手の回答に対して追加質問をすることも大切です。**例えば、「それはそうだったんですね。そのときはどのように考えましたか？」「そのときに大変なことはありましたか？」「うまくいかなかった経験やその乗り越え方はどうしましたか？」「ちなみに、そこで得たスキルはなんですか？」などの質問をして、対話形式で深く話を聞いていきましょう。

ワーク1 自社の面接が尋問型ではなく、会話型になっているかを確認しましょう

ワーク2 会話の中で聞ききれなかったことは、最後にまとめて質問しましょう

9-3

カジュアル面談の目的と
やり方を知ろう

「ざっくばらん」に話すことで見えてくるもの

 相手に自社に興味を持ってもらう場をつくる

カジュアル面談はSNSや運用型の求人媒体経由で「まずは話を聞いてみたい」という連絡があった場合や、スカウトを送った候補者と最初に話す際によく行われるものです。一次面接の前のフェーズだと思っておいてください。

カジュアル面談は、自社のプレゼンテーションの場であり、相手に当社に興味を持ってもらうことが目的です。相手の経歴などを聞くのと同じくらい、自社について話すことになります。自社の特徴や魅力、知っておくべき情報などを会話の中で伝えつつ、質問に答えてアピールすることが重要です。

カジュアル面談では、職務経歴書や履歴書を見ながら、「ここでは何をしていましたか？」「なんで転職しようとしているのですか？」「あなたの強みを教えてください」といった質問はあまりしません。むしろ、職務経歴書や履歴書をいただく前になかなかできません。

面談では、転職活動の状況や希望する職種などについて、候補者に聞いてみましょう。また同時に、求人情報だけではなかなか伝わらない自社の魅力や評判、どのようなポジションを募集しているのかなどを、コミュニケーションを通じて伝えていきます。

ただ資料を見せるだけでは、退屈な印象を与えてしまいます。**会話の中で情報を伝えることが重要で、文字通り「カジュアルであること」「面接ではなく、面談であること」を意識してください。**

なお、面接ではないのでカジュアル面談の結果で不採用とするの

は失礼に当たります。面談後に候補者から応募意思があれば、後日応募書類を受け取り、きちんとした選考を通じて合否の結果を連絡するべきです。

👤 現役社員が自分の入社動機を伝えることもできる

カジュアル面談に、人事担当や現場社員が出席する場合は、その社員自身の入社動機を直接伝えると、候補者にとって魅力的に映ることがあります。実体験のストーリーが共感を生むので応募意志が高まります。

また**候補者との共通点があれば話が盛り上がります**。応募書類や媒体の登録情報などに記載のある範囲で、出身地や大学や業界、やってきたスポーツなどをチェックしておくのもいいでしょう。

👤 フランクな雰囲気づくりも大事

カジュアル面談では、企業側が積極的に気軽な雰囲気をつくっていきましょう。例えば服装もカジュアルにして、「今日はざっくばらんに話しましょう！」と伝えておくと、フランクに話しやすくなります。一方で、面談する担当がカッチリとスーツで出てきて、「よろしくお願いいたします」などと言われると、面接のような雰囲気になってしまいます。**求職者から気軽に質問をもらえる雰囲気をつくって、たくさん質問を出してもらってそれに回答していけば、相手の自社に対する理解度も深まっていきます。**

ワーク

ワーク1 カジュアル面談は候補者を見極めるより、自社のことを積極的に知ってもらう場として活用しましょう

ワーク2 カジュアルな雰囲気づくりは、企業側が積極的に出していくようにしましょう

9-4

それぞれの段階での面接設計を
きちんとしておく

同じことばかりを聞いていても、お互いの理解は進まない

 面接で同じ質問を何度もされると候補者は辛い

　面接では、各段階におけるメモをきちんと多く残していくことが重要です。**前の面接で聞かれた質問を次の面接でもされると、候補者からの印象は悪くなってしまいます。**

　一次面接では自社のことについて説明しながら質問をもらう双方理解の時間、二次面接ではスキルについてのチェック、最終面接ではキャリアの方向性とカルチャーマッチについて確認するなど、**各フェーズでの面接の役割を分けるような面接設計をつくっておき、同じような質問を繰り返すようなことは避けましょう。**そのためにも、各面接のメモをしっかりと取って保存しておくことが重要になります。選考が進むにつれて、どんどんコミュニケーションを深く取るためにつくるのが「**面接メモ**」です。次のようなものが、面接メモで残すべき内容の例です。

- 職務経歴・スキル：過去の職務経歴と役職。主要な業務実績・成果
- 転職理由：現職での不満点や退職理由
- 当社への志望動機：当社を選んだ理由。当社でのキャリアプランや希望職種
- 人間性・適性：コミュニケーションスキル。主体性
- ケーススタディ・問題解決能力：過去の問題解決経験
- 面接官の感想・評価：強み・弱み。当社への適性・適合度

第9章　入社したいと思ってもらえる面接術

・受けた質問：候補者からの質問内容
・申送り：次回担当してほしい面接官とその理由、確認依頼事項や
　伝えておきたいことなど
・給与・待遇の希望：希望年収。そのほかの要望（勤務時間など）
・入社時期：入社可能な時期。現在の勤務先の退職予定日

一次面接は誰が面接して何を話すかが特に重要

　特に一次面接は、誰が面接して何を話すか、何をジャッジするか
をあらかじめ決めておくことが重要です。面接の時間内でその人の
すべてを判断することはできないので、**最初の面接ではそもそも自
社への応募意志を向上させることがメイン**になります。さらに最低
限、自社の採用基準に合っているのかどうかを見極めていきます。

二次面接は懸念点などを聞く場にする

　**二次面接は具体的な現場の話について、聞いていく場にしましょ
う。採用すべき人材かどうかの見極めの割合が増えます。**一次面接
の際に感じた懸念点なども、この場で質問して解決するようにしま
しょう。「こういう場合どうするか」「この分野の知識はどのくらい
あるか」「経験値はどのくらいあるか」「実際、仕事がどのくらいで
きるのか」を、現場目線で懸念点を解消できるように質問します。

　カルチャーや人柄の部分がマッチしているかをみることも必要で
す。社風や業務、仕事の進め方についてイメージが湧くように伝え
て、お互いにマッチしているかを判断できるようにしましょう。会
話を通じて「面白そう」から「ここで働きたい」へと候補者の意向
を上げていくステップでもあるので、二次面接でも候補者を自社に
惹きつける必要があります。

最終面接は「自社のミッションへの共感」を確認する場に

　最終面接はもう現場がこの人は合格だと決めている場合もあるの
で、その場合は入社してもらえるように、意向上げに注力します。

ただし、最終面接で自社の社長や経営陣が初めて出てくる場合もあるでしょう。その場合には**社長や経営陣から、自社のミッションや今後会社でやりたいことを語ってもらい、そこに共感してもらえるかどうかも確認してみましょう。**

　このような過程を経た後は、内定を出すかどうかは直感で決める面が強いです。最終面接で合格と判断すれば、その場で条件も含めて提示してオファー面談の場にしてしまうこともあります。

後につないでいく面接設計を

　面接の設計は重要です。役割として各面談で聞いた内容についてちゃんとメモを残して、次のステップにつないでいくことが大事です。その際には採用管理システム（ATS）を使えば、効果的にステップをつなぐことができます。

　また、一次面接のときに感じた懸念点や聞けていなかった疑問点は、面接メモで次の面接官に伝えていきます。その後の面接でさらなる質問を通じて懸念を払拭できるかどうかが、各段階を経てわかってきます。

　「こういう経歴やキャリア志向があるから、志向性の近いこの社員に次の面接をしてもらおう」などと、面接メモを通じて入社後イメージが湧きやすい面接官をアサインすることも効果的です。

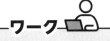

ワーク

> **ワーク1** 各面接で説明する内容と、確認する内容を決めましょう
>
> **ワーク2** 懸念点や聞き損ねたことは次の面接官に伝えておきましょう

面接の場で採用後の
ミスマッチを防ぐには？

マイナスポイントもさらけ出して自社に合うか見極める

👤 よく起きるミスマッチは、情報提供して明確に伝える

採用後のミスマッチは完全には防げません。内定者が実際に働いてみないとわからないこともあります。

ただし、**自社でよく起こりがちなミスマッチについては、事前に面接の場などで情報を与えておくことで、ある程度は避けられます。**「こんな会社だと思っていたけど違った」「職場の雰囲気が想像していたのと異なっていた」などと、新しく入ってきた社員がよく言うことがあるなら、入社後のミスマッチを防げるよう、しっかりQ&Aなどの情報提供で伝えておきましょう。

なお、自社と合っているかどうかをストレートに確認したいなら下記のような質問をしてもいいです。

ミスマッチを防ぐ質問の例

・「入社後にこういう感想を持つ方もいらっしゃるのですが、その点は大丈夫そうですか？」

・「このポジションにはこういう期待があるのですが、それについてどう思いますか？」

・「正直に言うと、こういう点においてミスマッチの懸念があるのですが、それについてどう思いますか？」

またストレス耐性を測れる適性検査や、応募者が働いていた前職の方に推薦・評価コメントをもらうリファレンスチェックを取れる

サービスもあります。

　ただ、事前に**すべてがわかる万能の検査やテストはありません。**あくまで参考材料を得る目的で、自社採用時にどんなことを知りたいかを検討してから、検査やテストを探しましょう。

👤 自社のマイナスポイントや足りない部分もさらけ出しておく

　ミスマッチの懸念については、例えばマルゴト株式会社のフルリモートワークでの仕事の場合は以下のように伝えています。

マルゴト株式会社のミスマッチを防ぐ質問の例

・「リモートワークで誰とも会わないですけど大丈夫ですか？」
・「この環境が寂しいという人もいるんですけど問題ないですか？」
・「こういう役目を持つのでこういうプレッシャーを感じる人もいるのですが大丈夫ですか？」

　このように、**内定者にとってマイナスにも感じられるポイントについて、事前に確認のために聞いておく**のです。

　自社のマイナスポイントや足りない部分もさらけ出すことで、相手がクリアに自社のことを理解できるし、本人も気持ちを固めやすくなります。

👤 スキルチェックにおいては、より具体的なケースを質問する

　企業が候補者に対して行う適性検査も、社交性、慎重さ、向上志向、安定志向、内向型か外向型かなどの、細かい数字は出るのですが、その数字が高いからとって、入社後すぐに活躍するわけではありません。

　ストレス耐性の数字に関しても、やりたい仕事だったらストレス耐性は上がりやすいですし、逆に自分のやりたくない仕事や不得意な仕事だったら、ストレス耐性が下がることもあります。

適性検査の数値はあまり鵜呑みにせずに、自分たちが面接でわかったことを重視するほうがいいと思います。

　スキルを判断する場合には、面接においてより具体的なケースを聞いておくことです。「このときに何を担当しましたか？」「この場合どうしていましたか？」「何人で仕事を回していましたか？」「何が大変でしたか？」「どんなスキルを身につけましたか？」などを聞いていくと、その人の実際の仕事の様子を推測することができます。

ワーク

ワーク1 よく起きるミスマッチに対しては、事前に的確な情報や質問を準備しておきましょう

ワーク2 候補者のスキルチェックをするため、具体的なケースについて質問するようにしましょう

オファーは「条件」と「感情」どちらも伝える

契約書のひな形を事前に提示しておくのがベター

年収と条件とポジションをバシッと伝える

　最後に内定を出すタイミングでのオファー内容については、条件と感情どちらも伝えることが大事です。

　年収と条件とポジションをきちんと提示したうえで、「ご入社いただく意思決定はいつまでにできますか?」と尋ねることになります。

　ちなみにマルゴト株式会社では、正しい条件を事前に理解してもらうために、仮の入社日を入れた雇用契約書のひな形を事前に提示しています。入社当日に契約書を提示すると、「聞いていた話と違う」と感じる人が出てこないとは限らないからです。ましてや事前に聞いていなかったような要項が入っていたりすると、内定者の不安は高まってしまいます。

条件と同時に期待も伝えておく

　いずれにせよ、条件はしっかりと書面で事前に伝えるのが望ましいです。

　ただ同時に「1年後にはマネージャーに上がってほしいと思っています」「パフォーマンスをみて、半年後の評価タイミングの時点で昇格するかを考えます」など、**約束ではなく期待をしっかり伝える**のも大事です。ただし、お互いの期待値のズレを避けるために、「これは確実に保証できるものではない」という言葉は添えておきましょう。

● 雇用契約書のサンプル

雇用契約書

年　　月　　日

_____ 殿

事業場名称・所在地
使用者職氏名　　　　　　　　　　　　印

契約期間	期間の定めなし／期間の定めあり（___年___月___日～___年___月___日） ※以下は、「契約期間」について「期間の定めあり」とした場合に記入 1　契約の更新の有無 　　　自動的に更新する・更新する場合があり得る・契約の更新はしない 2　契約の更新は次により判断する。 　　　・契約期間満了時の業務量　　・勤務成績、態度　　・能力 　　　・会社の経営状況　・従事している業務の進捗状況　　・その他（　　　　　　）
就業の場所	本社オフィス
従事すべき業務の内容	
始業・終業の時刻 休憩時間	1　始業　　___時___分～　終業　　___時___分 2　休憩時間　　　　___分 3　所定時間外労働の有無　　有／無
休　　日	毎週　　曜日、国民の祝日、その他（　　　　　　　　）
休　　暇	1　年次有給休暇　労働基準法の定めによる 　　　　　　　　時間単位年休　有／無 2　その他の休暇　年末年始休暇　慶弔休暇　その他（　　　　　　）
賃　　金	1　基本賃金　　月給_____円 2　諸手当の額又は計算方法 　　　　　　手当　（_____円） 3　所定時間外、休日又は深夜労働に対して支払われる割増賃率 　　　　労働基準法の定めによる 4　賃金締切日　　毎月___日 5　賃金支払日　　翌月___日 6　賃金の支払方法　銀行口座に振込 7　昇給　　　　　有／無　（時期、金額等_____） 8　賞与　　　　　有／無　（時期、金額等_____） 9　退職金　　　　有／無　（金額等_____） 10　労使協定に基づく賃金支払時の控除　有／無　（内容等_____）
退職に関する事項	1　定年制　　　　有／無　（___歳） 2　継続雇用制度　有／無　（___歳まで） 3　自己都合退職の手続（退職する___日以上前に届け出ること） 4　解雇の事由及び手続 　　　1. 天災その他やむを得ない場合 　　　2. 事業縮小等当社の都合 　　　3. 職務命令に対する重大な違反行為、 　　　4．業務上の不正行為、その他就業規則に該当する事由があった場合は、 　　　　30日前に予告するか予告手当を支払って解雇する。
そ　の　他	・社会保険　厚生年金　健康保険　厚生年金基金　雇用保険　その他（　　　　　　） ・以上のほかは、当社就業規則による

この契約書に記載されていない内容についてはその都度協議を行うこととする。

上記契約内容に同意します。

　　　年　　月　　日　　　　従業員住所 _____

　　　　　　　　　　　　　従業員氏名 _____　印

オファー金額の提示の仕方

オファー金額は、前職の給与を参考に、生活水準が大きく下がりすぎないことが重要です。自社の評価基準に沿った際に、内定者がどの基準に当てはまるのかを出しましょう。後は本人の希望を聞いておきます。

そのうえで、会社側としての希望の年収を出して、どのくらいの本気度で採用したいかを考慮し、最終的に擦り合わせて条件を決めることになります。1回提示した後に、内定者から「やっぱり○○万円以上じゃないと入れない」と言われることもあるかもしれませんが、その場合は、社内の既存社員との給与バランスや、事業部としてその人をどのくらい採用したいか、などを含めた総合的な判断をしていくことになります。

内定承諾の確率を上げるのは、採用において一番効果的

オファーをする際のポイントは、内定者の「入社したい」という意向を上げる点に注力することです。内定者も合理的に条件だけで意思決定するわけではありません。**感情面で「この会社に入りたい」「この人を裏切れない」「この会社が好き」「自分のことを考えてくれているようで嬉しい」と思ってもらえることも大事です。**

企業側の駆け引きとして「承諾しないのであれば、内定は出さない」などという言い方をするケースもあるようです。ただ、駆け引きをしすぎると、変な印象を与えてしまうこともあり得ます。

一方で、ドライに済ませようとするのも、オファーの段階では良くありません。

お勧めは変な駆け引きはせずに、「当社で出せる条件はいくらです」などとしっかりと条件を提示して、「こんなことを期待しています」「今後はこうなってほしいと思っています」「会社はこうなっていくので一緒に頑張っていきませんか」「あなたのこういうところが良いと感じたのでぜひ一緒に働きたいと思っています」などと、**全力**

で想いを伝えることです。

　内定を出すための提示条件を伝える場としての「オファー面談」はしなくても構いませんが、電話やメールでも、しっかりと思いを内定者に伝えることは重要です。

　内定承諾をもらえる割合を、5〜10％でも上げられる施策は、実は一番採用において効果が高いです。 1人を採用するまでに何人の応募が必要か逆算すると、その1人から内定承諾をもらえることは、新たに数十人の応募を集める工数に相当する効果があります。ぜひ入社までのラストスパートとして、全力を注いでください。

意思決定をしてもらうことがゴール

　内定者に入社という意思決定をしてもらうことが、採用活動における最終目標です。 内定を出した後は、本人が入社をするかどうか決める形になるので、意思決定をスムーズにしてもらえるように自社でサポートしましょう。

　「心配や懸念点はどんなことで、ほかの企業と比較してどのような点で迷っているか」などを応募者からヒアリングできると、企業としても対応を取りやすくなります。

　クロージングは、金額を提示して、条件や期待する役割を伝えて、いつから働けるか、を決めることになります。この点はフワッとさせておくのではなく、数字も期日もきちんと決めておくことが重要です。

　相手と当社の希望がズレている部分は、相手と話しながら着地点を探していくことになります。数字の話になると、事務手続きみたいになりがちですが、企業としては、しっかりと自分たちの意思を伝えておきましょう。

面接で本人の希望や状況をどれだけ聞けているか

　最終面接やオファー面談できちんとクロージングできるかどうかは、実は一次面接、二次面接で本人の希望や状況をどれだけ聞けて

いるかで変わります。しっかりと序盤の面接でも情報を聞いておいて、面接メモとして残しておきましょう。

　そのうえで、内定者のやっていきたいことと自社の方針が合致していること、経験やスキルが自社のポジションに合っていること、自社のつくりたい未来やいまの課題に関して合致していることなどを、伝えておきましょう。**内定を出した背景を伝えることで、相手にも納得感を感じてもらえます。**

ワーク

ワーク1 年収、条件、ポジションなどは明確に伝えましょう

ワーク2 内定を承諾してもらえるように、最後は気持ちも含めてしっかりと伝えましょう

具体的なオファーの手順

内定者にスムーズに意思決定をしてもらうために

オファー条件を書面で提示する

　前項でも触れましたが、内定を出す際は実際の雇用契約書を見せておくのがいいです。「労働条件通知書」「内定通知書」「採用通知書」など、労働条件を伝える書類はほかにもあるのでそれらを提示する形でもいいですが、「○百万円〜□百万円」など、求人で出した待遇条件とズレていないか、きちんと確認しましょう。

　細かい条件面の記載の方法が気になる方もいるので、丁寧に説明しましょう。また書類だけではなく、候補者側から「そういえばこれってどうなっていましたっけ？」などの質問や懸念材料が出てくるのは、実は内定を出した後のフェーズです。「なんでもストレートに聞いてください」と内定者に伝えておきましょう。

動画でメッセージを伝える企業も出てきた

　また内定を出す際に、面接をした社員や経営陣から、「あなたのこんなところがすごく素敵だと思いました。当社の大事にしている価値観とも合っていると感じました。ぜひ一緒に働くことができたら嬉しいです！」と個別に動画や音声データを送る企業も出てきました。それくらい内定承諾を獲得するためには工数をかけてもいいものです。直筆で手紙を書く企業もあります。

　内定を出すまでに、企業は書類選考、面接と大きな労力をかけています。それを無駄にしないためにも、ぜひ来てもらえるように丁寧なサポートをしましょう。

食事会などを開くケースも

　ざっくばらんに話してもらうため、最終面接の後に候補者を食事にあらかじめ誘っておくケースもあります。特に年収800万円以上を目安とした高い職位のハイレイヤーの方々であれば、条件だけではなく、人間的な価値観の相性もあるので、お互いに話し合ってから決めることが多いです。

　人間性や仕事に対する価値感は、面接だけではわからないこともあります。**プライベートな話や人間性などの面については、面接やオンラインではなく、食事会など、対面でじっくりと話を聞ける機会を設けたほうが、お互いの理解が深まります。**

入社するかどうかの返事をいつまでにもらえるか聞く

　入社意思に関する最終的な回答をもらう期間は、大体1〜2週間くらいが一般的です（事情があれば最大1カ月ほど待つ場合もあります）。「この日までに何か質問があれば、ここに連絡してください」と質問しやすいように連絡窓口を伝えておきましょう。また、「この日を過ぎても連絡がなければ当社側からご連絡差し上げますね」と、会社側の次のアクション予定も伝えておきましょう。

入社の了承をもらえたら、事前に雇用契約を結んでおく

　最終的に内定者から承諾を得られたら、雇用契約の締結に進みます。入社当日に署名と捺印をしてもらう会社もありますが、**できれば入社前に雇用契約を結んでおいたほうがお互いに安心です。**

ワーク

ワーク1 オファー条件は書面できちんと提示しましょう

ワーク2 入社するかについて内定者からいつまでに返事をもらえるか、きちんと確認しておきましょう

9-8

家族や現職からの
転職ブロックへの対処法

内定者が納得するだけでは採用活動は終わらない

👤 本人の周辺から転職への反対が出てくることも

誰にとっても転職は大きな決断なので、内定を出されてからも迷うものです。他社やほかの選択肢と比べるのも当然です。条件面や自分の志望度を比べてみて、どこに決めるのかを意思決定します。他社のオファーには口出しできないので、「カジュアル面談も最終面接もみんないい人だった」と思ってもらえるよう、各選考プロセスで良い印象を持ってもらうことが大事になってきます。

👤 家族から質問や反対に対して回答できるようにしてあげる

ご家庭のある方は、家庭と相談してから入社を決めることが多いです。

パートナーからどんな会社であるか質問されたり、場合によってはいわゆる「嫁ブロック」「夫ブロック」と呼ばれるような、反対がある場合もあります。パートナーの方にとっては相手の仕事と生活は大きく結びついているので、合意が必要なのは当然です。

内定者本人が転職理由をうまく説明できていないことがパートナーの反対を引き起こしてしまう原因なので、まずは本人がさまざまな懸念要素をクリアするまで考えきれているかどうかが大事です。

そのため**内定者の方自身が、なぜその会社に入りたいかをきちんと伝えられて、パートナーの合意をもらえるよう、企業としてもできる範囲でサポートしましょう。**

236

現職からの引き止め、カウンターオファー

　実は現職からの引き止めが、採用企業からすると最大の採用競合になります。内定者のいままでの活躍ぶりや性格も知っているので、現職から「じゃあ、こういう形であればどうですか」と条件面や職種変更の提案を受け、内定者が迷ってしまい現職に残ることを決めるケースもよくあります。

　オファー内容を聞いてから後出しジャンケンが出せる点が現職側の強みになっています。そのため、**面接などの場で**、**本人の転職したい理由も聞いたうえで**、**転職に関して完全納得してもらう必要がある**のです。

 説明できるピッチ資料や代表のインタビュー記事を用意する

　内定者自身やその家族が納得できるように、オンライン上に自社に関する資料を用意しておくことも効果的です。例えば、自社のメディア掲載履歴や、採用情報に関する資料を家族の方向けに用意しておくのも、安心材料になります。ここでも採用ピッチ資料（5-6、137ページ参照）などが役に立ちます。実は転職者の家族の方も、転職先となる企業名で検索をしてさまざまな記事を読んでいます。

　また、最終面接で「もし現職から引き止められたらどうしますか」「もしパートナーの方から反対があったらどうしますか」などと想定質問を投げかけて、一緒に対処法を考える方法もあります。

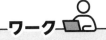 ワーク

> **ワーク1** 内定者本人が意見を通せるように、情報をたくさん提供しておきましょう
> **ワーク2** 懸念点があれば、気軽に相談してもらえるようなコミュニケーションを内定者と取りましょう

9-9

入社後の活躍を早める
オンボーディングを準備しておく

内定者の入社に向けた地ならしをしておこう

 オンボーディングとは何か

　企業の経営において、**採用はゴールではなく、入社後の活躍がゴールです。そこまでのスピードを早めるのがオンボーディングです。**オンボーディングとは、入社する社員に対して実務上の入社手続きに加えて、実際の業務フローに入るまでをサポートすることです。

 会社になじんでもらうための準備をしておく

　入社日には、チームで受け入れの時間をつくってもらうことがお勧めです。マルゴト株式会社では、フルリモートワークで社員同士が直接会う機会がないことから、各社員の趣味や経歴を書いたプロフィールシートを書いておいて、お互いが見られるようにしています。それにより共通の話題が見つかり交流のキッカケになっています。また代表（著者）を交えた自己紹介ミーティングも開催しています。自分たちのことをお互いに理解しておくことで、入社後にフランクに話しやすくなるためです。

 日報へのフィードバックをする人も決めておく

　新しく入社した社員には日報を書いてもらうことをお勧めしています。全員が日報を書くルールの会社もあると思いますが、マルゴト株式会社では入社して最初の１カ月間は必須で日報を書いてもらっています。本人のつまずきポイントを会社が早めに察知できることも、日報を書いてもらうメリットです。

● マルゴト株式会社の日報とコメントの様子

2023/7/3(月)　本日の日報を提出いたします！

▼今月の目標
・事業内容、業務内容の理解を深める
・チャットやツールに慣れ、スムーズに使えるようになる
・社内の方、お客様、誰に対しても相手の立場に立った対応を心がける
・ノーミスを徹底し、その先の気遣い・スピードまでを意識する

▼振り返り（学び、課題、気付きなど感じたことやコメント）
事業内容や業務内容を具体的にご説明いただき、会社への理解がより深まりました。
インハウスとRPOではミスの責任の重さなどが違うというお話もあり、まずはノーミスを徹底して業務に臨みたいと思います！
1ヶ月後には気遣い・スピードまで意識した仕事ができるよう、しっかりと土台を固める期間にいたします🔥

▼その他（一言・余談・雑談・質問などあれば）
チャットコミュニケーションが活発で、フルリモートだけどすごく安心感がある！という印象を感じた入社初日でした😊
「マルゴトはホスピタリティを大事にしている」というお話がオリエンテーションであったのですが、みなさんのチャットからそれが感じられるなと思いました…！
本日の内容をしっかり振り返り、明日に備えます！本日はありがとうございました。

> 　入社初日お疲れ様でした！🎉🎊
> 　　　と同様に　　　　　　　　　　　　です！入社お待ちしておりました〜！こ
> れからたくさん業務で関わると思いますので、何卒何卒よろしくお願いします🙇✨
> 👍 1　🎉 1　😊

> 初日お疲れ様でした〜〜〜🙇
> 同じく　　　　　　　　　　　　です！
> （実は、サイレントで7/5には　　　　からの引継ぎMTGも入れさせていただいています！！）
> これから一緒に頑張りましょ〜〜〜💪よろしくお願いします！
> 🙇 1　🎉 1　😊

> 初日お疲れ様です〜👏🙌
> ※上二人に負けないように色々絵文字付けてみました🌱
> 　　　　　　　　　　　　です！
> これからよろしくお願いいたします🎊
> 👏 1　🙌 1　😊

> 初日、おつかれさまでした🙇
> 顔が見えないことで少し不安に思う方も多いようなので、安心いただけてよかったです✨
> 明日は顔合わせですね😊楽しみにしています😆
> 今日はゆっくり休んでくださいね〜✨

　日報の最後に「余談・雑談」という欄をつくって、会話のきっかけやコメントをしやすくすることもお勧めです。これにより相談や連絡がしやすい相互コミュニケーションが生まれます。

😀 みてほしい資料や動画を渡していく

　みてほしい資料や研修動画を用意しておくことは、業務の基礎知識や業務ルールの理解のために有効です。「ここをみれば大体のことがわかる」という社内Wikipediaのようなサイトをつくっておくと便利です。当社ではGoogleサイトを使っています。

また、新入社員だけではなく、その上長にも研修資料や動画はチェックしておいてもらいましょう。研修資料と上司からの指導内容がズレてしまうと、混乱を生むからです。

マネージャーとして入社する場合の対応

特にマネージャーなど部下がいる上位の職位として入社してもらうときには、新しい上長がチームになじめるように、お互いが紹介し合う場を設けたり、チームのメンバーとのランチタイムを設定したりなどと、なじむまで経営陣が気にしてあげるのが大事です。

「マネージャーだから現場でうまくやって」とその人に入社後の対応を丸投げしてしまい、結果的に部下から厳しい反応をもらい上長が苦しむケースも多いです。

オンボーディング資料は進化させ続ける

いまいる社員が入社後につまずいてきたポイントを聞いておき、この点を入社時のオンボーディング資料に入れて進化させ続けていきます。これにはマインドについての面も含まれます。

いまいる社員へのヒアリングでは、「質問をすることが新入社員の役目」「PCの設定やチャットの仕方までなんでも聞いてOK」「経費の精算の仕方はここを見ればわかる」といった、細かい内容がたくさん出てきます。

このような点を資料で解説することで、どんどん細かいつまずきがなくなっていき、入社した社員の戦力化までスムーズに進むようになるイメージです。

ワーク

> ワーク1 オンボーディングのプランをつくりましょう
> ワーク2 オンボーディングの実践を通じて、さらに資料を進化させましょう

ケース別　採用方針の立て方

創業したてのスタートアップが
人材を採用するなら？

 スタートアップの弱みと強み

　客観的にスタートアップの弱みと強みを分析すると、以下のように
になります。

▶ スタートアップの弱み

- ・知名度ゼロ
- ・給与で大手に勝てない
- ・福利厚生で大手に勝てない
- ・安定性で大手に勝てない
- ・採用予算で大手に勝てない

▶ スタートアップの強み

- ・フェーズの面白さ
- ・出世チャンス
- ・代表と常に一緒になって働ける
- ・未来の可能性がある
- ・想いの強さで勝てる

 ワクワク感とパッションで大手に勝つ

　創業から間もないスタートアップは、給与や福利厚生などの条件
面では大手に勝てません。ただ、「自分もすぐに幹部になれるかも」
「自分たちがつくる側としてこんなことが体験できるかも」という
ワクワク感、「未来へ挑戦してみたい」「自分が事業を動かしている」
などという手触り感の実感値、また周りから頼られるというやりが

いもあります。

　**自分がこれからの会社をつくっていく側になれる機会なんてそう
そうないため、そのステージを経験できることがスタートアップで
働くメリットです。**

　逆に言うと、この点をきちんと伝えることが大事で、あまり**福利
厚生や安定性で戦わないようにしたほうがいいです。**

（👤）スタートアップは大手に劣っているわけではない

　大企業の最終面接とスタートアップの最終面接が重なったときに、
シンプルにスタートアップの面接官のパッションとか熱量で大企業
に勝つパターンもあります。

　**企業として、スタートアップが大企業に負けているとは意識せず
に、自分たちがやりたいことをストレートに伝えることが大事です。
これからやっていきたいことをしっかりプレゼンしましょう。**

　面接のときに、「これからやろうと思っていることはこんなこと
で〜」と会社として話したときに、応募者から「面白そうですね！」
と言ってもらえることがポイントになります。

　なお、**スタートアップは知名度と採用予算では大手に対して勝ち
にくいので、採用広報、スカウト、SNSなどに注力をすることが、
勝ちを狙いやすいです。**選考に来てもらえれば、後は面接での面接
官の熱量や、話の深さの勝負になります。

ケース別　採用方針の立て方

資金調達したベンチャー企業が人材を採用するなら？

👤 事業が伸びていることをしっかりアピールする

　株式発行でVCや投資家から資金調達をしたベンチャー企業の場合は、上場を目指して事業成長をしていくことが基本かと思います。その成長率や実績数値自体が、求職者からみても信頼や興味のポイントになります。

　知名度がない状況でスタートをして進めていくなかで、優秀な方を採用していくには広報の力も活用できるといいでしょう。例えば資金調達や大きな提携などができたときにはしっかりとプレスリリースを書いてPR TIMESなどで配信をすることです。

　そのプレスリリースが会社のことを知ってもらう機会になりますので、その中に採用ページのURLを載せておくことを忘れずにやりましょう。

　またIVSやB Dash Campやピッチコンテストなどでの受賞実績も、ベンチャー界隈にとっては「伸びる会社としての証明」に近いものになるので、大きな採用広報の効果があります。

👤 素直にVCや投資家に頼ろう

　VCや投資家の方々はたくさんのつながりを持っています。ビジョンや進捗を報告しながら、事業自体にも期待をしてもらったうえで、「こんな人を採用したいのですが、周りでどなたかピンとくる方いませんか？」と素直に聞いてみましょう。

　投資家は自社の株主という意味では同じ目標を目指す仲間です。直接の紹介ではなくても、例えばVCや投資家の方がやっている飲み会に呼んでもらったり、Podcastなどの情報発信の場に出演させ

てもらうことなどを通じて、自分だけではリーチできない人のつながりを広げていきましょう。

👤 CXO採用は1年前から

CTO、COO、CFO、CHROなどの経営幹部層の中途採用はもっとも難易度が高いです。そもそもこのような役職の経験者や、このポジションを担える人材の数もかなり少ないです。年収も1,000万円以上は当然必要になってきます。

この層の候補者の方は無職で転職活動中という時期はほとんどなく、現職で活躍している最中に何かのタイミングで良い話があれば検討してくれる、というレベルのタイミング勝負です。良さそうな方がいれば3カ月おき、6カ月おき、などで定期的に連絡を差し上げて、ずっと追い続ける気持ちで採用を目指していきましょう。最初はアドバイザーや業務委託として、少しずつかかわってもらうことから関係を構築していくのもいいでしょう。

また自社の事業が成長してフェーズが進むに連れて、候補者の方が真剣に経営幹部として働くことを検討してくれるケースもあります。1回お断りされても失礼にならない形で、丁寧に諦めずに粘っていきましょう。

👤 事業がうまく伸びないときは採用を止める勇気を

プロダクトが世の中のニーズに大きく当てはまったことを、PMF（プロダクトマーケットフィット）と言います。このPMFまで行けたときに事業が大きく伸びます。ただ、横の業界に展開しようとしたり、大きな競合サービスができたりと、PMFが崩れるときもあります。

このような場合は**無理に採用を続けずに、採用を一旦止める勇気も必要です**。事業が伸びる前提で人を雇うので、伸びる方向性が見えなくなったら、投資家にも相談のうえで、組織拡大を急ぎすぎないようにすることも考えましょう。

ケース別　採用方針の立て方

ITエンジニアを採用するなら？

ITエンジニアは採用倍率がかなり高い

中途採用の中でも、特に採用が難しいのがITエンジニアです。**現状、ITエンジニアの場合は圧倒的に求職者が有利になっています。**このような状況なので、働き方の条件も候補者から提示されることがよくあります。企業が選ぶ採用ではなく、企業が選ばれる採用が顕著であるということをまずは理解する必要があります。

エンジニアによって得意分野はバラバラ

一口にITエンジニアといっても応募者のスキルは多様です。大きな区切りだとサーバーサイド、フロントエンドによっても異なりますし、ハードとソフトでも大きく違います。そのため、**自社にとって必要なエンジニアの要件を、社内のエンジニアチームに具体的に書いてもらいましょう。**エンジニアがなかなか要件を書けない場合は、ヒアリングしながら経営者や人事がまとめていきましょう。

若手エンジニアを採用するかどうか

IT分野でのエンジニアスクールはたくさんあるので、**実務経験なしでもよければ、エンジニアスクール卒の求職者はたくさんいます。**もし自社にシニアクラスのエンジニアがすでに多く在籍しており、教育研修を充実させられるのであれば、この層もターゲットに入るので、かなり採用しやすくなります。また外国籍のエンジニアを採用する企業も増えてきました。社内に多様な方々の受け入れ体制があればあるほど、採用対象者の範囲は広くなります。

エンジニアの面接はエンジニアがする

　人事担当がエンジニア人材を面接でジャッジしようと思っても、スキルの判断が難しいことが多いです。会社概要やサービス概要の紹介はできると思いますが、実際の面接となると会話が噛み合わなかったり、技術的な深い話ができなかったりします。

　応募者のスキルを判断するためにも、また応募者に技術力のある会社だと理解してもらうためにも、実際の面接は現場のエンジニアにお願いしましょう。また、その際は「面接でのジャッジポイント」「面接をお任せする理由」「会社紹介の方法」などを事前に共有しておくことがお勧めです。

　特に社内でエンジニアとして働いている方は、採用がメイン業務ではありません。そのため面接へのモチベーションが高くないケースもあり、ただ任せるだけでは不満が募る可能性があります。エンジニア面接向けの採用ピッチ資料を準備して、「会社紹介を求められたら採用ピッチ資料を見せながら話してくださいね」と伝えておくことで、面接での心理的な負担を減らして、伝えるべき内容のブレを小さくすることができます。

業務委託としてのかかわりがOKかどうか

　社員として採用しようとしても、スキルが高いエンジニアほどなかなかうまくいきません。**一般的に、エンジニアは1つの会社で社員として働くよりも、業務委託や副業でかかわりたいと思っている人が多いからです。**そのため、社内で検討したうえでOKであれば、業務委託などの形で働いてもらう方向でも考えてみましょう。

　もしくは、つくりたい成果物が明確であれば、フリーランス、副業人材、SES会社、開発会社などの外注先を見つけることで、人的リソースを確保する方法もあります。

地方都市の中小企業が
人材を採用するなら？

その地域で働くことをイメージできるようにしておく

　地方の中小企業が採用するなら、どのようにすればいいでしょうか。

　創業何年か、どのくらいの規模の事業かなど、さまざまな要素が絡んできますが、1つ大事なことは**地方の魅力、そのエリアの魅力をセットで伝えること**です。

　大都市だと、わざわざその地域の魅力を応募者に伝える必要はないのですが、地方だとこのエリアに住んで働く利点、このエリアで暮らす楽しさなどの生活イメージを、応募者に持ってもらったほうがいいでしょう。

　つまり、**エリアの魅力を求人情報と一緒に書く**ことです。経験者採用となると、県外からの採用も多くなります。人口が少ないエリアであるほど、同じエリアの同業他社にいる人材に対して、スカウト文章を打っていくのは、お互いの企業同士の関係性から難しくなります。そのため**UターンやIターン人材などを採用で狙っていく**ほうがいいと思います。就職のために引っ越してきてもらうこともあるので、引っ越しの際の手当の用意や、使える補助金を調べて準備しておくといった対応も考えておきましょう。

身内からの「転職ブロック」への対応

　特に転居をともなう転職時には、周りやご家族から「転職ブロック」が入りがちです。その人の業務内容やキャリアだけではなく、その場所での暮らしや生活についても情報提供していくと不安解消につながります。

あとは、地方の中小企業としての、その会社の未来（「これから
どうなるの？」といった点）が、特に本人や家族は気になると思い
ます。

　「うちはこういう会社で歴史があるけど、今後はこれからこうし
ていきたいと思っている」「実はこういうプロジェクトが進んでいる」
「こういう点で未来も事業は安定して進めていけそう」「この技術が
優れていて別の業界でも使われそう」というような話です。

　会社の歴史も武器になります。「その企業がなぜここまで選ばれ
てきたのか」という背景や、現在までの沿革を伝えるだけで、応募
者にもその会社の魅力が伝わります。

地方の企業こそ情報発信に力を入れる

　会社の規模が小さい場合は、代表がどんな人なのかも伝えたほう
がいいでしょう。また、地方の中小企業には社名自体に歴史を感じ
られる企業も多いです。そのような企業は安心感もある一方、若い
人が少ない会社だと思われてしまうデメリットもあります。社名や
ロゴ、ホームページ、社長や社員の写真などの見られ方も考え直し
てみることをお勧めします。

　若い人を採用したければ、意図的に若い人がチェックしている
SNSで情報発信するなどして、興味を持ってもらえる仕組みをつく
っていきましょう。

あとがき

　この本を最後まで読んでくださった皆様に、心から感謝申し上げます。本書は中途採用を成功させるための「新しい定石」としてガイドラインとなるものを書きました。

　私自身、主にベンチャー企業向けの採用代行の業務を行っており、数多くの企業を支援してきました。

　私の目標は、採用を通じてビジョンある会社の実現を支援することです。そのために、私たちのチームも増員し、業績を伸ばしてきました。そして、東京から北海道に引っ越したことを機に、都内のベンチャーだけでなく、日本全国の企業に採用の支援をしたいという意欲が強まってきました。

　しかしながら、日本全国の企業に採用代行サービスを提供しようとすると、自社の企業規模の限界を感じることがありました。資金調達などにより拡大は進めていますが、サービスクオリティを維持しながらの拡大には長い時間が必要です。

　そこで考えた結果、せめて採用に関する考え方や手法だけでも全国に届けたいと思い、この本を書き始める決意をしました。

　本を書く過程は、私がこれまで経験してきたこと、考えてきたこと、試行錯誤してきたことを言語化し、カテゴリーに分けて整理するという、想像以上に困難なものでした。

　私自身も経営者ですので執筆だけに時間が使えるわけではありません。この本の執筆期間の約1年間の間にも、当社の社員数が40名以上も増え、業務も組織も拡大していました。そんな忙しい中でも、自分が執筆に集中できる時間をつくってくれた、信頼できる素晴らしい社員の仲間たちには、深く感謝しています。

　また、原稿がまとまっていくにつれて、「中途採用ノウハウ」と

「組織力」の２点が私たちマルゴト株式会社の強みでありながら、その１つである中途採用ノウハウのすべてを本として公開することについて心配する声も、社内から上がりました。

しかし、執筆を通じて私たちは、ビジョンある中小企業や新しいベンチャー企業が「中途採用に取り組むことで良い職場になっていき、結果的に人材獲得競争に勝てるようになってほしい」という自社の目的を再設定できました。また、次なるキャリアを考える方にとって、世の中に存在する知られざる素晴らしい中小・ベンチャー企業で働くという選択肢もあるのだということを知ってほしいとも思っています。

それを考えると、売上やビジネスという概念を超えて、今後の世の中のために、私たちの中途採用のノウハウを広く公開すべきだという決断に至りました。

人材不足が続く日本において「中途採用は経営のコア」になっていくと思っています。

本書の執筆を通じて、具体的な採用テクニックだけではなく、本質的な部分である、「良い職場をつくること」「候補者から選ばれる立場だと考えて会社自体を改善し続けること」「情報発信を通じて世の中とつながること」「面接では相互のコミュニケーションをしっかりと取ること」という採用に対する企業のあり方も伝えたいと思っていました。

中途採用に本気で取り組む中で、それによってもたらされる経営全体への改善や良い影響も伝われば、これ以上嬉しいことはありません。

最後になりましたが、本書の制作にご協力いただいた日本実業出版社の細野さまには心から感謝いたします。また、「中途採用については絶対に本にしたほうがいい」と後押しいただき、出版社とおつなぎいただいた株式会社LGブレイクスルーの古田さまにも感謝をお伝えさせてください。

また、自社の事業も組織も大きくなる中で、執筆の時間をつくることに応援してくれたマルゴト株式会社の仲間たちには強く感謝をしております。本書に書かれている採用のノウハウは私1人だけでは到底つくり上げることはできず、マルゴト社のみんなで日々実践しながらつくり上げたものです。本書は私だけの書籍ではなく、マルゴト株式会社のみんなでつくった書籍だと思っています！

　そして、この本が日本全国の企業の中途採用に役立つことを願っています。私たちは企業のビジョンの実現に向けて、採用面からお力添えできるよう全力を尽くしていきます。

　改めて最後まで読んでくださったこと、本当にありがとうございました。

マルゴト株式会社代表取締役　今 啓亮

無料読者特典！

採用活動のお役立ち資料キットをプレゼント

資料1

採用ブランディングシート

職種別の訴求ポイント付!
採用ターゲットに向けた自社の魅力を
発見できます

資料2

採用ピッチ資料デザインテンプレート

そのまま活用可能!
ピッチ資料のデザインテンプレート
採用ピッチ資料に載せるべきコンテンツ
例あり

資料3

スカウトメールの基本マニュアル

年間約24万通のスカウト実績のある
採用代行会社が活用している、スカウト
メールのノウハウを集約!

資料4

応募者管理表テンプレート

第1章で紹介!
応募者管理表のテンプレート
(Googleスプレッドシート/Microsoft Excelで
使用していただけます)

資料5

応募者対応メールテンプレート

面接の日程調整、合否確認を効率化!
応募者対応のテンプレート集

本書でご紹介した採用ノウハウの実践に役立つ資料キットを、
プレゼントいたします。下記QRコードおよび下記URLより
お申し込みください。

https://marugotoinc.jp/book/

・本特典は予告なく変更・終了となる場合がございます。あらかじめ
　ご了承ください。
・QRコードおよびダウンロードURLの第三者への共有はお控えください。

今 啓亮（こん　けいすけ）
マルゴト株式会社代表取締役。1986年生まれ、北海道出身。北海道大学教育学部卒業。20歳の時に家庭教師の仲介サービスで学生起業。教育を学ぶため在学中にフィンランドのオウル大学に1年間交換留学。卒業後は社員30人規模のベンチャー会社に新卒で入社して3年間勤務し、福岡支店では法人営業と支店長業務を行う。
ゴールデンウィーク中に旅行したカンボジアで大きく伸びる活気を感じ、26歳で移住して人材紹介会社を起業。2年間で登録人材数が15,000人を突破。カンボジア国内の大規模人材紹介会社に成長させた後に会社を譲渡。
29歳で日本に帰国し、東京にてマルゴト株式会社（旧社名：株式会社ビーグローバル）を創業。創業時に妻の出産が半年後に控えていたことから、2015年当時からフルリモートワークで業務を実施。スタートアップ、ベンチャー、中小企業が目指すビジョンの実現に向け、採用業務を幅広く代わりに行う「まるごと人事」という採用代行サービスを運営。2020年より順次「まるごと採用ピッチ資料」「まるごと管理部」をリリース。
2022年、父親の体調を考えて地元北海道に移住し、本社も東京から札幌に移転。採用代行支援をした顧客企業数は350社を超え、社員数は直近5年間で0名から150名にまで成長し現在も増加中。「理想のサービスと理想の職場を同時実現する」を経営理念に掲げ、全員がフルリモートで働くユニークな組織運営を行っている。自社採用においてはアウトソーシング業態ながら年間10,000名以上の応募が来ている。

採用広報から、スカウト文章、面接術まで
「本当にほしい人材」が集まる中途採用の定石

2023年10月1日　初版発行
2024年5月10日　第2刷発行

著　者　今　啓亮 ©K.Kon 2023
発行者　杉本淳一

発行所　株式会社日本実業出版社　東京都新宿区市谷本村町3-29 〒162-0845

編集部　☎03-3268-5651
営業部　☎03-3268-5161　振　替　00170-1-25349
https://www.njg.co.jp/

印刷・製本／リーブルテック

ISBN 978-4-534-06042-6　Printed in JAPAN